노자육서
老子六序

저자 약력

❚김태환

1964	전라도 선운산 출유
2000	한국학대학원 문학박사
2005	시가미학원리 초판
2011	갑골문자휘편 초판
2013	시가미학원리 증보
2021	중세 미학과 시가예술사 연구 초판

노자육서 | 老子六序

초 판 인 쇄	2026년 01월 09일
초 판 발 행	2026년 01월 20일

저　　　자	김태환
발 행 인	윤석현
발 행 처	박문사
등 록 번 호	제2009-11호

우 편 주 소	서울시 도봉구 우이천로 353
대 표 전 화	02) 992 / 3253
전　　　송	02) 991 / 1285
홈 페 이 지	http://jncbms.co.kr
전 자 우 편	bakmunsa@hanmail.net
책 임 편 집	최인노

ⓒ 김태환 2026 Printed in KOREA.

ISBN 979-11-7390-026-6 93200　　　　　　정가 17,000원

노자육서

老子六序

김태환 편역

박문사

서문

세종대로 네거리에서 북쪽으로 가면 광화문에 이른다. 오늘날 얘기다. 1만 년 뒤에도 그렇게 광화문일 것인가? 그것은 아니다. 북한산 바위가 100만 년 매서운 풍상을 겪다가 어느덧 깨어져 벌어진 이끼 틈바구니에 무심히 철쭉 한 그루를 꽂아 넣는 동안 인간은 아직도 돌도끼 하나를 손에 넣지 못하고 있었다. 광화문은 기껏해야 1천 년 안팎을 신기루와도 같이 비치다 꺼지는 하나의 허상일 뿐이다. 세종대로 네거리에서 북쪽으로 가는 그 길은 우리를 그와 같은 허상에 빠뜨려 가두는 하나의 함정일 뿐이다.

세종대로 네거리에서 북쪽으로 가는 그 길은 우리가 훤히 다 아는 길[可道]이다. 그러나 그것은 언제까지나 바뀌지 아니할 길[恒道]이 아니다. 세종대로 네거리에서 북쪽으로 가면 이르는 광화문은 우리가 훤히 다 아는 곳[可名]이다. 그러나 그것은 언제까지나 바뀌지 아니할 곳[恒名]이 아니다. 오로지 우리가 아는 그 길만이 길이고 오로지 우리가 아는 그 곳만이 곳이라고 한다면, 길마다 서로 트여서 곳마다 서로 이어진 천지 사방과 고금의 결[理]이 아득히 묻힌다. 변화와 진보를 통틀어 부정하는 착오다.

우리가 아는 길만이 길이라면 길이 아니다. 함정이다.

(道, 可道也, 非恒道也.)

우리가 아는 곳만이 곳이라면 곳이 아니다. 허상이다.
　(名, 可名也, 非恒名也.)

　이것은 노자 제1장 첫 문장을 의역한 것이다. 이렇게 의역한 취지를 이해하고 있다면, 빙화의 이 편역서는 거들떠보지 않아도 될 것이다. 왜냐면 노자 전편에 대한 이해는 제1장 첫 문장에 대한 이해로 이미 끝이 난 것이나 다름이 없는 까닭이다. 빙화는 마흔 무렵에 처음 노자를 읽으면서부터 노자 제1장 첫 문장에 대한 종래의 주석에 좀처럼 풀리지 않는 의문과 불만을 품었다. 2천 년 이상의 세월을 거의 예외가 없이 "可道"를 곧 "可言"의 뜻으로 새긴다. 이러한 관행을 도저히 용인할 수 없으니, 말로써 밝히면 어째서 그것은 "恒道"가 아니라는 것인가?
　어째서 "恒道"는 말로써 밝히는 것이 불가하다는 것인가? "恒道"를 일정한 하나의 존재로 여겨서 별개의 "道"로 세우는 것도 부당한 논리일 것이나, "恒道"일 것이면 우리의 평범한 일상에 늘 빼곡히 들어차 있어서 이르는 곳마다 명백할 것인데, 이르는 곳마다 명백한 그것을 어째서 도리어 말로 밝힐 수 없다는 것인가? 절대로 동의할 수 없는 견해가 주류를 이루어 노자의 흔적을 지키는 아성을 두르고 있었다. 알아도 말로써 밝히지 못하는 것이면, 이것은 언어의 미비일 뿐이지 설명의 불가는 아니다. 그렇지 않은가?

　말하는 이는 아는 이의 말 없음만 못하다,
　(言者不如知者默,)
　이 말을 나는 老君에게서 들었다.
　(此語吾聞于老君.)

老君이 아는 이라고 할 것 같으면,

　(若道老君是知者,)

어째서 五千文을 몸소 지었던 것인가?

　(緣何自著五千文.)

이것은 당나라 시인 백거이가 노자를 읽고 남긴 독후감이다. 내용은 노자 제56장의 "知之者不言, 言之者不知."이라는 구절을 들어서 노자를 실컷 비웃는 풍자다. 백거이는 저 구절을 이렇게 읽었다. 무엇[道]을 알고 있는 사람은 본디 말하지 않거니, 말하는 사람은 미처 다 알지 못한 것이다. 노자를 읽은 것인가? 당연히 미처 다 읽지 못한 것이다. 노자가 "五千文"을 적어서 특히 누구에게 무엇을 말했던 것인지, 발언의 맥락과 의도를 미처 다 읽지 못하고 다만 문자를 더듬어 거죽을 읽었다. 어떻게 노자를 비웃을 수 있는가?

노자의 "五千文"은 이로써 특히 군왕을 정점으로 하는 당시의 위정자들에게 성인의 도덕과 성인의 정치를 규범으로 삼아 천하 만물을 경영하고 인류 사회를 통치하는 법도를 설명한 언어다. 노자는 법도의 본원을 "自然"에 두었다. 발언의 맥락과 의도를 바탕에 두고 노자 제56장의 "知之者不言, 言之者不知."를 다시 읽으면, "知之"는 곧 법도의 본원에 대한 인식을 뜻하되, "言之"는 곧 '무엇을 하라거니 말라거니 하고 말로써 시켜서 부리다.'[教令]를 뜻하는 말일 것이지, 단순히 '말로써 밝히다.'[說明]를 뜻하는 말이 아니다.

빙화는 노자의 언어를 신비와 불가지의 영역에 던지는 태도를 배격한다. 자신의 몰이해를 가지고 도리어 노자를 능멸하는 행위도 용납하지 않는다. 빙화의 이 편역서는 이러한 입장에서 작성한 독서 노트의 하나다. 대체로 노자 제1장부터 제6장까지 독해한 결과를 수록하는 데 그치되, 각각의 장과 밀접한 관련을 보이는 내용이 노자 전편에 산재하는 만큼 그것을 차례로 덧붙여 한데 엮었다. 이렇게 해서 6개의 새로운 배열[序]을 이루니, 전체는 모두 6편 40장에 이른다. 세목은 각각의 편에 붙인 소서를 따로 참고하길 바란다.

2025. 12. 1.

산본천로 62 인베스텔 서실에서,

정년을 자축하며.

인용 서목

1. 經文

[郭店]　老子道德經(郭店楚簡本): 中華道藏 第九冊, 華夏出版社, 2004.

[馬甲]　老子道德經(馬王堆帛書甲本): 中華道藏 第九冊, 華夏出版社, 2004.

[馬乙]　老子道德經(馬王堆帛書乙本): 中華道藏 第九冊, 華夏出版社, 2004.

[敦五]　老子道德經(敦煌五千文本): 中華道藏 第九冊, 華夏出版社, 2004.

[道藏]　道德眞經(道藏無注本): 中華道藏 第九冊, 華夏出版社, 2004.

[傅校]　道德經古文篇(唐傅奕校定古本): 中華道藏 第九冊, 華夏出版社, 2004.

2. 集注

[孔子]　周易·繫辭(周易注疏): 文淵閣四庫全書 第7冊, 臺灣商務印書館, 1986.

[河上公] 道德經註: 中華道藏 第九冊, 華夏出版社, 2004.

[嚴遵]　道德眞經指歸: 中華道藏 第九冊, 華夏出版社, 2004.

[王弼]　道德經註: 中華道藏 第九册, 華夏出版社, 2004.

[李約]　道德眞經新注: 中華道藏 第九册, 華夏出版社, 2004.

[顧歡]　道德眞經注疏: 中華道藏 第十册, 華夏出版社, 2004.

[司馬光] 道德眞經論: 中華道藏 第十册, 華夏出版社, 2004.

[周敦頤] 通書述解: 文淵閣四庫全書 第697册, 臺灣商務印書館, 1986.

[陳景元] 道德眞經藏室纂微篇: 中華道藏 第十册, 華夏出版社, 2004.

[程顥]　二程遺書·入關語錄: 文淵閣四庫全書 第698册, 臺灣商務
印書館, 1986.

[程頤]　伊川易傳: 文淵閣四庫全書 第9册, 臺灣商務印書館, 1986.

[林希逸] 道德眞經口義: 中華道藏 第十一册, 華夏出版社, 2004.

[李珥]　醇言, 洪啟禧 庚午(1750)正月序 東洋文庫 所藏 木版本(Ⅶ
-3-76).

[朴世堂] 新註道德經, 國立中央圖書館 所藏 筆寫本(古貴1261-5).

[畢沅]　老子道德經考異, 天保4年(1833)刊 西莊文庫 所藏 木版本
(126.2-上5-H).

[蔣錫昌] 老子校詁, 商務印書館, 1937.

[朱謙之] 老子校釋, 中華書局, 1963.

[高亨]　老子正詁, 開明書店, 1940.

[張松如] 老子說解, 齊魯書社, 1987.

[沙少海] 老子全譯, 貴州人民出版社, 1989.

[高明]　帛書老子校注, 中華書局, 1990.

차례

제 1 편

무 명

無名

제1편은 노자 제1장을 첫머리로 삼아 이와 밀접한 관련을 보이는 여타의 장들을 차례로 뽑아 엮었다. 노자 제1장은 "無名"을 "道"의 본원적 형식으로 규정하는 주장을 담았다. 내용은 크게 세 가지다. 첫째, "可道", "恒道"와 "可名", "恒名"의 개념을 들어서 "道"의 可變性과 恒久性을 설명했다. 둘째, "無名", "有名"의 개념을 들어서 만물의 기원과 그 발현을 구별하고 이로써 "道"의 動靜을 설명했다. 셋째, "無欲", "有欲"의 개념을 들어서 "無"와 "有"의 一源性과 無間性을 설명했다. 노자 제11장、제16장、제25장、제32장、제34장、제40장 등은 노자 제1장의 내용과 밀접한 관련을 보인다. 구문을 적시하면 다음과 같다.

1.1. 道, 可道也, 非恒道也. 名, 可名也, 非恒名也.

   ○ 大道泛兮, 其可左右也. (第34章)

1.2. 無名, 萬物之始也. 有名, 萬物之母也.

   ○ 吾不知其名, 字之曰道. 吾强爲之名曰大. (第25章)

   ○ 道恒無名, 樸. 雖小而天下不敢臣. (第32章)

1.3. 故恒無欲也, 以觀其妙. 恒有欲也, 以觀其所噭.

   ○ 有之以爲利, 無之以爲用. (第11章)

1.4. 兩者同出, 異名同謂. 玄之又玄, 衆妙之門.

   ○ 萬物并作, 吾以觀其復. (第16章)

   ○ 反者道之動, 弱者道之用. (第40章)

01

道, 可道也, 非恒道也. 名, 可名也, 非恒名也. 無名, 萬物之始也. 有名, 萬物之母也. 故恒無欲也, 以觀其妙. 恒有欲也, 以觀其所噭. 兩者同出, 異名同謂. 玄之又玄, 衆妙之門.

道가 天下 世間에 認可된 道일진대 언제까지나 바뀌지 아니할 道가 아니다. 名이 天下 世間에 認可된 名일진대 언제까지나 바뀌지 아니할 名이 아니다. 無名은 萬物의 始初다. 有名은 萬物의 母胎다. 언제나 無欲은 이로써 道의 微妙를 살핀다. 언제나 有欲은 이로써 道의 顯著한 바를 살핀다. 無、有, 兩者는 같은 곳에서 함께 나오고, 다른 이름으로 같은 것을 이른다. 玄奧한 가운데 또 玄奧하니, 온갖 妙理가 나드는 門이다.

○ 道, 可道也, 非恒道也. 名, 可名也, 非恒名也.

[河上公] 可道, 謂經術政教之道也. 非常道, 非自然長生之道也. 常道

當以無爲養神, 無事安民, 含光藏輝, 滅跡匿端, 不可稱道也. 可名, 謂富貴尊榮高世之名也. 非常名, 非自然常在之名. 常名當如嬰兒之未言, 雞子之未分, 明珠在蚌中, 美玉在石間, 內雖昭昭, 外如頑愚. **[嚴遵]** 度之所度者知(*短), 而數之可數者少. 知之所知者淺, 而爲之所爲者薄. 至衆之衆不可數, 而至大之大不可度. 微妙窮理, 非智之所能測. 大成之至, 非爲之所能得. 天地之間, 禍亂患咎, 非事之所能克也. 故不道之道, 不德之德, 政之元也. 不名之名, 亡功而功, 化之根也. **[王弼]** 可道之道, 可名之名, 指事造形, 非其常也. **[司馬光]** 世俗之談道者, 皆曰道體微妙, 不可名言. 老子以爲不然, 曰道亦可言道耳, 然非常人之所謂道也. 名亦可強名耳, 然非常人之所謂名也. 常人之所謂道者, 凝滯於物, 所謂名者, 苛察繳繞. **[朴世堂]** 道而但可爲道, 則無其用而體不能自立, 非所謂常道矣. 名而但可爲名, 則無其體而用不能自行, 非所謂常名矣. **[蔣錫昌]** 『莊子·繕性』, "道, 理也." 『管子·君臣』, "順理而不失之謂道." 此道爲世人所習稱之道, 卽今人所謂'道理'也. 第一"道"字應從是解. 『廣雅·釋詁』二, "道, 說也." 第二"道"字應從是解. "常"乃眞常不易之義, 在文法上爲區別詞(Adjective). 二十八章, "常德不離, 復歸於嬰兒. … 常德不忒, 復歸於無極. … 常德乃足, 復歸於樸." 四十九章, "聖人無常心, 以百姓心爲心." 意義用法皆同. 第三"道"字卽二十五章"道法自然"之"道", 或七十三章所謂"天之道". **[朱謙之]** 蓋"道"者, 變化之總名. 與時遷移, 應物變化, 雖有變易, 而有不易者在, 此之謂常. 自昔解老者流, 以道爲不可言. 高誘注『淮南·泛論訓』曰 : "常道, 言深隱幽冥, 不可道也." 僞『關尹子』推而廣之, 謂"不可言卽道". 實則『老子』一書, 無之以爲用, 有之以爲利, 非不可言說也. **[高亨]** 常爲自然之義. 本章曰 : "道可道非常道. 名可名非常名." 常道者自然界之道, 常名者自然界之名也. 又曰 : "常無欲以觀其妙. 常有欲以觀其徼." 常無者自然界之無, 常有者自然界之有也. 十六章曰 : "復命曰常. 知常曰明. 不知常妄作凶." 謂復命者物之自然, 知其自然者明, 不知其自然而妄作者凶也. **[沙少海]** 常, 作恒. 據馬王堆漢墓帛書『老子』, 常作“恒”, 避漢文帝劉恒諱, 改作“常”, 訓永恒. 下句“恒名”同. **[高明]** “道”、“可道”與“恒道”三“道”字, 字同而義異. 第一個“道”字, 通名也, 指一般之道理. 禮記中庸: “道也者, 不可須臾離也.” 朱熹注: “道者, 日用事物當行之理.” “可道”猶云“可言”, 在此作謂語. 荀子榮辱: “君子道其常, 小人道其怪.” 楊惊注: “道, 語也.” “恒道”謂永存恒在之道. 此“道”字乃老子所用之專詞, 亦謂爲“天之道”(七十三章), “法自然”之道(二十五章). “道”可以言述明者, 非永存法自然之道也.

○ 無名, 萬物之始也. 有名, 萬物之母也.

[河上公] 無名謂道. 道無形, 故不可名也. 始者, 道之本也. 吐氣布化, 出於虛無, 爲天地之本始者也. 有名謂天地. 天地有形位陰陽, 有剛柔, 是其名也. 萬物母者, 天地含氣生萬物, 長大成熟, 如母之養子也. **[嚴遵]** 無名, 無朕, 與神合體, 天下恃之, 莫知所以, 變於虛無, 爲天地始. 有名者之爲化也, 遵道德, 貴神明, 師太和, 則天地, 故爲萬物母. **[王弼]** 凡有皆始於無, 故未形無名之時, 則爲萬物之始. 及其有形有名之時, 則長之育之, 亭之毒之, 爲其母也. **[司馬光]** 天地, 有形之大者也, 其始必因於無, 故名天地之始曰無. **[朴世堂]** 無名之體, 理具於天地之先, 有名之用, 象生於萬物之初. **[蔣錫昌]** 『文子・道原』篇, “有名, 産於無名, 無名者, 有名之母也.” 『老子』“有生於無”, 卽『文子』所謂“有名, 産於無名.” 故彼文“天下萬物生於有”, 卽此文“有名, 萬物之母”之義, 彼文“有生於無”, 卽此文“無名, 萬物之始”之義. 彼章“有”、“無”旣皆以“萬物”言, 則此章“有名”、“無名”亦當皆以“萬物”言, 其證一也. … 天地未闢以前, 一無所有, 不可思議, 亦不可名, 故强名之曰“無名”. 二十一章王注所謂“至眞之極, 不可得名, 無名, 則是其名也.” 迨天地旣闢, 萬物滋生, 人類逐創種種名號以爲分別, 故曰“有名”. 質言之, 人類未生, 名號未起, 謂之“無名”. 人類已生, 名號已起, 謂之“有名”. 故“無名”、“有名”純以宇宙演進之時期言. **[張松如]** “萬物之始”, 今本俱作“天地之始”. 馬敍倫『校詁』

曰: "『史記・日者列傳』引作'無名者, 萬物之始也'. 王弼注曰: '凡有皆始於無, 故未形無名之時, 則爲萬物之始. … 爲其母也.' 是 王本兩句皆作萬物, 與『史記』所引合, 當是古本如此."

○ 恒無欲也, 以觀其妙. 恒有欲也, 以觀其所噭.

[孔子] 易, 無思也, 無爲也, 寂然不動, 感而遂通天下之故. [河上公] 妙, 要也. 人常能無欲, 則以觀道之要妙. 常有欲之人, 可以觀世俗之所歸趣也. [嚴遵] 王者有爲而天下有欲, 去醇而離厚, 淸化而爲濁, 開人耳目, 示以聲色, 養以五味, 說以功德, 教以仁義, 導以禮節, 民如寢覺, 出於冥室, 登丘陵而盼八方, 覽參辰而見日月, 故化可言而德可列, 功可陳而名可別. 是以, 知放流, 而邪僞作, 道德壅蔽, 神明隔絕, 百殘萌生, 太和消竭. … 可道之道, 道德彰而非自然也. 可名之名, 功名顯而非素眞也. [王弼] 妙者, 微之極也. 萬物始於微而後成, 始於無而後生, 故常無欲空虛, 可以觀其始物之妙. 凡有之爲利, 必以無爲用. 欲之所本, 適道而後濟. 故常有欲, 可以觀其終物之徼也. [周敦頤] 無極而太極. 太極動而生陽, 動極而靜, 靜而生陰, 靜極復動. 一動一靜, 互爲其根. 分陰分陽, 兩儀立焉. [程顥] 沖漠無朕, 萬象森然已具, 未應不是先, 已應不是後. 如百尺之木, 自根本至枝葉, 皆是一貫. [朱謙之] 經文"常無觀其妙", "妙"者, 微眇之謂, 荀悅『申鑒』所云: "理微謂之妙也." "常有觀其噭", "噭"者, 光明之謂, 與"妙"爲對文, 意曰理顯謂之噭也. [蔣錫昌] 此文"無欲"、"有欲", 皆老子特有名詞, 不可分割. 三章"常使民無知無欲", 三十七章"無名之樸, 夫亦將無欲", 五十七章"我無欲而民自樸", 皆其證也. [張松如] 帛書甲乙本俱作"恒無欲也", "恒有欲也", "欲"字顯然不得屬下. 原無欲、有欲, 亦如無名、有名, 皆老子常用之特定名詞, 不可分割. 三章"恒使民無知無欲", 三十四章"則恒無欲也, 可名于小", 五十七章"我無欲而民自樸", 皆其證也. 十一章"有"、"無"二字, 義同"實"、"虛", 似不與"常有"、"常無"同誼.

○ **兩者同出, 異名同謂. 玄之又玄, 衆妙之門.**

[河上公] 兩者謂有欲無欲也. 同出者謂同於人心. 異名者, 所名曰異. 名無欲者長存, 名有欲者亡身. [王弼] 兩者, 始與母也. 同出者, 同出於玄也. 異名所施, 不可同也, 在首則謂之始, 在終則謂之母. [程頤] 至微者理也, 至著者象也. 體用一源, 顯微無間, 觀會通以行其典禮, 則辭無所不備. [朴世堂] 體不離用, 用不離體, 有無兩者, 其本一而異其名, 同謂之玄. 徼, 際也, 歸也. 玄, 深也, 微也. 玄之又玄謂深微之極. 門謂所出入, 言衆妙皆由此也. [蔣錫昌] "玄之又玄", 謂無名之又無名, 此推至宇宙最原始之時期而言也. "妙"者, 幽冥之道也. 二十七章, "是謂要妙", 誼同. "玄之又玄, 衆妙之門", 謂於此無名之又無名中, 一切妙道從之而出也. [朱謙之] 四十章"天下萬物生於有, 有生於無", 此兩者蓋指有無而言. 有無異名, 而道通爲一. [高亨] 兩者謂'有'與'無'也. [高明] 舊釋已將經文中相對詞語如"道"與"名"、"恒道"與"可道"、"無名"與"有名"、"無欲"與"有欲"、"無"與"有"、"始"與"母"、"妙"與"徼"等等, 皆已講遍, 諸家理解不同, 各抒己見, 而使讀者無可適從. 以經文分析, 竊以爲王弼注似較切於本義.

[馬甲] 道, 可道也, 非恒道也. 名, 可名也, 非恒名也. 無名, 萬物之始也. 有名, 萬物之母也. ◇恒無欲也, 以觀其眇(妙). 恒有欲也, 以觀其所噭. 兩者同出, 異名同胃(謂). 玄之有(又)玄, 衆眇(妙)之◇. [馬乙] 道, 可道也, ◇◇◇◇. ◇, ◇◇◇, ◇恒名也. 無名, 萬物之始也. 有名, 萬物之母也. 故恒無欲也, ◇◇◇◇. 恒又(有)欲也, 以觀其所噭. 兩者同出, 異名同胃(謂). 玄之又玄, 衆眇(妙)之門. [敦五] 道可道, 非常道. 名可名, 非常名. 無名, 天地始. 有名, 萬物母. 常無欲, 觀其妙. 常有欲, 觀所噭. 此兩者, 同出而異名, 同謂之玄. 玄之又玄, 衆妙之門. [道藏] 道可道, 非常道. 名可名, 非常名. 無名, 天地之始. 有名, 萬物之母.

故常無欲, 以觀其妙. 常有欲, 以觀其徼. 此兩者, 同出而異名, 同謂之玄. 玄之又玄, 衆妙之門. **[傅校]** 道可道, 非常道. 名可名, 非常名. 無名, 天地之始. 有名, 萬物之母. 故常無欲, 以觀其妙. 常有欲, 以觀其徼. 此兩者, 同出而異名, 同謂之玄. 玄之又玄, 衆妙之門.

11

三十輻共一轂, 當其無, 有車之用也. 埏埴以爲器, 當其無, 有器之用也. 鑿戶牖以爲室, 當其無, 有室之用也. 故有之以爲利, 無之以爲用.

바큇살 서른 낱이 하나의 바퀴통을 함께 가지되, 비어서 없는 곳이 있어야 수레의 쓰임을 지닌다. 찰흙을 반죽하여 그릇을 빚되, 비어서 없는 곳이 있어야 그릇의 쓰임을 지닌다. 지게문을 뚫어 집을 짓되, 비어서 없는 곳이 있어야 집의 쓰임을 지닌다. 들어차 있게 함으로써 구실을 삼으며, 비어서 없게 함으로써 쓰임을 삼는다.

○ 三十輻共一轂, 當其無, 有車之用也.

[河上公] 古者車三十輻, 法月數也. 共一轂者, 中有孔, 故衆輻湊之. 治身者當除情去欲, 使五藏空虛, 神乃歸之. 無爲空虛. 轂中空虛, 輪得轉行. 轝中空虛, 人得載其上. [王弼] 轂所以能統三十輻者, 無也. 以其無能受物之故, 故能以實統衆也. [陳景元] 此明有無功用, 相資而立. [李珥] 朱子曰: "無是轂中空處, 惟其空中, 故能受軸, 而運轉不窮." 董氏曰:

“謂輻轂相湊以爲車, 卽其中之虛, 有車之用.” **[朴世堂]** 無者言其虛中也. 此形容虛中之妙用, 凡曰谷、曰牝, 皆此意也. **[畢沅]** 本皆以‘當其無’斷句, 案『攷工記』, ‘利轉者以無、有爲用也’, 是應以‘有’字斷句, 下並同. **[蔣錫昌]** 『考工記』“無、有”, 用爲二名. “無”指車轂內外空間而言, “有”指車轂而言. 有車轂而無空間, 固不能利轉, 有空間而無車轂, 亦不能利轉. 『老子』此“無”, 與『考工記』誼同. 但“有”則爲“有無”之“有”, 乃常語耳. 畢氏誤讀『考工記』以爲“無有”卽同俗語所謂“沒有”, 而復據誤讀者來誤讀『老子』, 非是. 『老子』此文, 自以“無”字斷句. “當其無, 有車之用”, 謂車轂以有內外之空間, 故可資以利轉而有車之用也. **[高亨]** 當猶在也. 無謂輪之空處, 有謂輪之實體, 言車之用在其空處與實體也.

○ **故有之以爲利, 無之以爲用.**

[河上公] 利, 物也. 利形於用, 器中有物. 室中有人, 恐其屋破壞. 腹中有神, 畏其形消亡. 無之以爲用, 言虛空者乃可感受萬物, 故曰虛無能制有形. 道者, 虛空也. **[李約]** 有形之物, 資空無以爲利. 虛無之道, 托器質而昭用. **[陳景元]** 有之以爲利, 利在乎器也. 無之以爲用, 用在乎空也. 夫器之爲利也, 必存其外, 外資空用而成. 空之爲用也, 必虛其內, 內藉器利而就. 故無藉有以爲利, 而有藉無以爲用也. **[李珥]** 外有而成形, 中無而受物, 外有譬則身也, 中無譬則心也. 利者, 順適之意, 利爲用之器, 用爲利之機也. 非身則心無所寓, 而心不虛則理無所容. 君子之心, 必虛明無物然後, 可以應物. 如轂中不虛, 則爲不運之車, 器中不虛, 則爲無用之器, 室中不虛, 則爲不居之室矣. **[朴世堂]** 三者皆資其有以爲利, 而至其受用, 則皆賴其虛中而容物耳. **[蔣錫昌]** 此“無”與上三“無”字不同, 爲“有無”之“無”, 常語也. 二“之”字均係統指上文轂木、陶土、屋壁三者而言. 謂有此三者以爲利, 無此三者以爲用也.

異本

[馬甲] 卅◇◇◇◇, ◇其無, ◇◇之用◇. 然(埏)埴爲器, 當其無, 有埴器◇◇◇. ◇◇◇, 當其無, 有◇之用也. 故有之以爲利, 無之以爲用. [馬乙] 卅楅(輻)同一轂, 當其無, 有車之用也. 燃(埏)埴而爲器, 當其無, 有埴器之用也. 鑿戶牖, 當其無, 有室之用也. 故有之以爲利, 無之以爲用. [敦五] 卅輻共一轂, 當其無, 有車之用. 蜒殖以爲器, 當其無, 有器之用. 鑿戶牖以爲室, 當其無, 有室之用. 有之以爲利, 無之以爲用. [道藏] 三十輻共一轂, 當其無, 有車之用. 埏埴以爲器, 當其無, 有器之用. 鑿戶牖以爲室, 當其無, 有室之用. 故有之以爲利, 無之以爲用. [傅校] 三十輻共一轂, 當其無, 有車之用. 堀埴以爲器, 當其無, 有器之用. 鑿戶牖以爲室, 當其無, 有室之用. 故有之以爲利, 無之以爲用.

16

致虛極, 守靜篤. 萬物幷作, 吾以觀其復. 夫物蕓蕓, 各復歸其根, 曰靜. 靜, 是謂復命. 復命, 常也. 知常, 明也. 不知常, 妄作兇. 知常容, 容乃公, 公乃王, 王乃天, 天乃道, 道乃久, 沒身不殆.

虛寂에 이르러 그침을 至極하게 하고, 淸靜에 머물러 지킴을 篤實하게 한다. 萬物이 다 함께 生長할 때 나는 이로써 그 反復을 살핀다. 萬物은 갖가지로 우거지다가 저마다 그 根源으로 되돌아가니, 淸靜이다. 淸靜에 되돌아가는 이것을 곧 復命이라고 한다. 復命하여 本性을 回復하는 것을 平常의 法度라고 한다. 平常의 法度를 깨달아 아는 것을 聰明이라고 한다. 平常의 法度를 깨닫지 못하면 까닭도 없이 災殃을 맞는다. 平常의 法度를 깨달아 알면 人民의 模範이고, 人民의 模範이면 곧 公이고, 公이면 곧 王이고, 王이면 곧 하늘이고, 하늘이면 곧 道이고, 道이면 곧 오래도록 견디니, 終身토록 危殆를 겪지 않는다.

集注

○ **致虛極, 守靜篤.**

[嚴遵] 道德虛無, 故能稟授. 天地淸靜, 故能變化. 陰陽反覆, 故能生殺. 日月進退, 故能光曜. 四時始終, 故能育成. 釋虛無, 則道德不能以然. 去淸靜, 則天地不能以存. 往而不反, 則陰陽不能以通. 進而不退, 則日月不能以明. 終而不始, 則萬物不能以生. 是故, 有而反無, 實而歸虛, 心無所載, 志無所障, 無爲如塞, 不憂如狂, 抱眞履素, 捐棄聰明, 不知爲首, 空虛爲常, 則神明極而自然窮矣. **[蔣錫昌]** 萬物雖一時競進生長, 結果無不永歸寂滅. 可知生長者, 乃物之暫, 寂滅者, 乃物之眞. 暫則時過境遷, 眞則永久不變, 此寂滅之道所以可貴也. 老子於此文名此道曰"虛", 或名曰"靜", 於下文名之曰"復", 或名曰"常", 其誼一也. "致虛極, 守靜篤", 謂聖人持此虛靜之道, 守之極篤而勿失耳.

○ **萬物幷作, 吾以觀其復.**

[嚴遵] 天地反覆, 故能長久. 人復寢寐, 故能聰明. 飛鳥復集, 故能高翔. 走獸復止, 故能遠騰. 龍蛇復蟄, 故能章章. 草木復本, 故能靑靑. 化復, 則神明得位, 與虛無通, 魂休魄息, 各得所安, 志寧氣順, 血脈和平. **[王弼]** 以虛靜觀其反復. 凡有起於虛, 動起於靜, 故萬物雖幷動作, 卒復歸於虛靜, 是物之極篤也. **[陳景元]** 蓋萬物之幷動, 作者未有不始於寂然, 而發於無形, 生於和氣, 而應於變化, 及觀其復也, 盡反於杳冥, 而歸於無朕, 以全其形眞也. 易曰, 復, 其見天地之心乎. 天地之心謂寂然至無也. **[朴世堂]** 能虛明安靜於萬物幷作之時, 而黙以觀其復, 此亦常有欲以觀其徼之意. **[蔣錫昌]** "作", 生長也. 河上注, "作, 生也.", 王注, "動作生長", 皆是. 『說文』, "復往來也." "往來"者, 猶云往而復來. 故爾雅釋言, "復, 返也." 萬物自生至死, 猶人行路之往而復來, 比喻適當, 此正老子用字之精. "萬物並作, 吾以觀其復.", 謂萬物競生, 吾因觀其歸

終之道也.

○ 靜, 是謂復命.

[李約] 萬物至十月, 其氣皆歸於根. 冬至後, 乃一陽生, 方萌芽動也. 周而復始, 此自然之本也. [高亨] 作"靜曰"是也, 因此文皆連環句法也. [蔣錫昌] "歸根曰靜", 謂萬物老死, 則虛靜也. "靜曰復命", 謂萬物之有虛靜, 乃自然之大法, 天之所命, 無論何物皆所難免, 故返於虛靜, 卽爲返於天之所命也. 老子以爲虛靜乃萬物之本來面目, 故卽以虛靜爲道之特色而提倡之, 贊美之. 其於此章之開端, 卽曰"致虛極, 守靜篤."者, 務欲聖人爲治, 復返於虛靜也.

○ 復命, 常也. 知常, 明也. 不知常, 妄作兇.

[河上公] 復命使不死, 乃道之所常行也. 能知道之所常行者, 則爲明也. [嚴遵] 失道之人, 廢棄經常, 事其聰明, 縱其志欲, 妄作兇行. 故, 知以受禍, 明以造殃, 深察以死, 博辯以亡. 夫何故哉? 不反元始, 不復本根, 動與道乖, 靜與神殊. 存, 故不能存也. 然, 故不能然也. [朴世堂] 常謂常久之理, 言陰陽開闔一動一靜, 此乃常久之理也. 能知常久之理者, 足以爲明. [蔣錫昌] "復命曰常", 謂復命就是常道也. "知常曰明", 謂知此常道則爲明也. "不知常, 妄作凶.", 謂人君不知此常道者, 則妄作受禍, 故凶亦隨之也.

○ 知常容, 容乃公, 公乃王, 王乃天, 天乃道, 道乃久, 沒身不殆.

[河上公] 能知道之所常行, 則除情欲, 無所不包容也. 無所不包容, 則公正無私, 衆邪莫當. [李約] 心虛則知常, 故能容衆也. 無所不容, 爲無私也. [朴世堂] 物各付物, 聽其自然, 而我無爲焉, 是以於物無所不容, 是爲大公. [蔣錫昌] 『廣雅』, "容, 法也." 訓"容"爲"法"者, 乃以"容"爲"鎔".

說文, "鎔, 冶器法也." 故"法"者, 謂"法象", 卽模範也. 此"容"與二十一章"容"字誼同, 皆指模範而言. 古來注家皆解作包容, 均誤. 此謂知常之人便可爲人模範, 爲人模範者便可爲公, 爲公者便可爲王, 王與天合, 天與道合, 道則亘古恒在, 其用不窮也.

異本

[馬甲] 至虛極也, 守情(靜)表也. 萬物旁(並)作, 吾以觀其復也. 天物雲雲, 各復歸於其◇, ◇◇. 情(靜), 是胃(謂)復命. 復命, 常也. 知常, 明也. 不知常, 市(妄), 市(妄)作凶. 知常容, 容乃公, 公乃王, 王乃天, 天乃道, ◇◇◇, 沕(沒)身不怠. [馬乙] 至虛極也, 守靜督也. 萬物旁(並)作, 吾以觀其復也. 天物祱(魂)祱(魂), 各復歸於其根, 曰靜. 靜, 是胃(謂)復命. 復命, 常也. 知常, 明也. 不知常, 芒(妄), 芒(妄)作凶. 知常容, 容乃公, 公乃王, ◇◇天, 天乃道, 道乃◆, 沒身不殆. [敦五] 致虛極, 守靜篤(篤). 萬物並作, 吾以觀其復. 夫物云(蕓)云(蕓), 各歸其根. 歸根曰靜, 靜曰復命. 復命曰常, 知常曰明(明). 不知常, 忘(妄)作凶. 知常容, 容能公, 公能生, 生能天, 天能道, 道能久, 沒身不殆. [道藏] 致虛極, 守靜篤, 萬物并作, 吾以觀其復. 夫物蕓蕓, 各復歸其根. 歸根曰靜, 靜曰復命. 復命曰常, 知常曰明. 不知常, 妄作, 兇. 知常容, 容乃公, 公乃王, 王乃天, 天乃道, 道乃久, 沒身不殆. [傅校] 致虛極, 守靖篤. 萬物并作, 吾以觀其復. 凡物熊熊, 各歸其根. 歸根曰靖, 靖曰復命. 復命曰常, 知常曰明. 不知常, 妄作, 兇. 知常, 容, 容乃公, 公乃王, 王乃天, 天乃道, 道乃久, 沒身不殆.

25

經文

有物混成, 先天地生. 寂兮寥兮, 獨立而不改, 周行而不殆, 可以爲天地母. 吾不知其名, 字之曰道. 吾强爲之名曰大. 大曰逝, 逝曰遠, 遠曰反. 道大, 天大, 地大, 王亦大. 域中有四大, 而王處一焉. 人法地, 地法天, 天法道, 道法自然.

解譯

混沌에서 이루어졌고 天地보다 앞서 생겼던 어떠한 事物이 있다. 寂然하고 空虛하며, 獨立하여 바뀌지 아니하고, 周行하되 危殆를 겪지 아니하니, 天地의 母胎가 될 수 있다. 나는 그 이름을 모르겠거니와 道라고 적는다. 나는 억지로 이름을 지어 마냥 큰 것이라고 부른다. 마냥 크면 길이 가고, 길이 가면 멀리 미치고, 멀리 미치면 되돌아온다. 道가 크고, 하늘이 크고, 땅이 크고, 王이 또한 크다. 세상에 네 가지 큰 것이 있으니, 王이 하나를 차지한다. 사람은 땅을 본받고, 땅은 하늘을 본받고, 하늘은 道를 본받고, 道는 自然을 본받는다.

集注

○ 有物混成, 先天地生.

[河上公] 道無形混沌, 而生萬物, 乃在天地之前. [王弼] 混然不可得而知, 而萬物由之以成, 故曰混成也. 不知其誰之子, 故先天地生. [李約] 元氣圓凝之時, 未有天地也. [陳景元] 有物混成者, 道之宗也. 故視之不見, 聽之不聞, 搏之不得. 夫至理湛然而常存, 故謂之有物. 眞道萬派而莫分, 故謂之混成. 然混成不可得而知, 萬物由之以生, 故曰有物混成也. 先天地生者, 道之元也. [蔣錫昌] “物”卽二十一章“道之爲物”之“物”. 質言之, “道”卽“物”, “物”卽“道”也. 道之成也, 混然不可得而知, 故曰“混成”. [高明] 謂之“有物”, 則視之不見, 聽之不聞, 循之不得, 故不可知亦不可名. 謂之“混成”, 旣不知其所生, 更不知其所由生. “先天地生”者, 則不見其始, 也不可能見其終也. 所言道也.

○ 寂兮寥兮, 獨立而不改, 周行而不殆, 可以爲天地母.

[河上公] 寂者, 無音聲. 寥者, 空無形. 獨立者, 無匹雙. 不改者, 化有常. 道通行天地, 無所不入, 在陽不焦, 托陰不腐, 無不貫穿, 而不危殆也. [王弼] 寂寞, 無形體也. 無物之匹, 故曰獨立也. 返化終始不失其常, 故曰不改也. 周行無所不至而免殆, 能生全大形也, 故可以爲天下母也. [蔣錫昌] 王注“寂寞, 無形體也”. 此言道體無形無聲, 十四章所謂“視之不見名曰夷, 聽之不聞名曰希, 搏之不得名曰微.”也. … “周行”者, 言道無所不至, “不殆”者, 言道利而不危. 三十四章“大道氾兮, 其可左右.”, 卽此所謂“周行”也. 八十一章“天之道利而不害”, 卽此所謂“不殆”也. [高明] 按道之屬性, 無聲無形, 永恆不易. 嚴復云: “不生滅. 無增減, 萬物皆對待, 而此獨立. 萬物皆遷流, 而此不改.” 第一章“無名, 萬物之始”, 說明無名之道不僅“先天地生”, 而且是天地由其所生, 故道爲天地之根源.

○ 吾不知其名, 字之曰道. 吾强爲之名曰大.

[河上公] 我不見道之形容, 不知當何以名之. 見萬物皆從道而生, 故字之曰道. 不知其名, 强名曰大. 高而無上, 羅而無外, 無不包容, 故曰大. [王弼] 吾所以字之曰道者, 取其可言之稱最大也. 責其字定之所由, 則系於大, 大有系則必有分, 有分則失其極矣. 故曰强之爲名曰大. [陳景元] 夫大道無形, 故眡聽莫聞, 搏取不得, 旣無形聲端緒, 故不知其名. 然而前稱有物, 則有體用, 體用旣彰, 通生萬物, 就用表德, 字之曰道, 包含天地, 其體極大, 故强爲之名曰大. [朴世堂] 不知其名, 强爲之名, 亦見未易形容, 而不敢硬言之意. [蔣錫昌] 道本無形, 旣不可得而字, 亦不可得而名. 『莊子・知北游』所謂"道不可聞, 聞而非也. 道不可見, 見而非也. 道不可言, 言而非也. 知形形之不形乎. 道不當名.", 『則陽』所謂"道之爲名, 所假而行."也. [高亨] 道旣字之曰道, 不能又名之曰大. 本書及莊子等書, 亦無名道曰大者, "大"、"逝"、"遠"、"反", 皆道之形容, 而非道之稱謂, 則名當作容, 明矣.

○ 大曰逝, 逝曰遠, 遠曰反.

[王弼] 逝, 行也, 不守一大體而已, 周行無所不至, 故曰逝也. 遠, 極也, 周無所不窮極, 不偏於一逝, 故曰遠也. 不隨於所適, 其體獨立, 故曰反也. [陳景元] 凡物之大, 皆有邊際, 唯道無窮. 無極往, 無涯畔, 故大曰逝. 愈逝愈遠, 莫究其源, 故逝曰遠. 雖遠出八荒之外, 而收紙反聽湛然於方寸之間, 若鑒之明應而不藏, 故遠曰反. 反, 復也. 往而還復, 沒而復生, 陰而復陽, 皆道之化也. [朴世堂] 逝, 往也. 曰逝, 曰遠, 所以形容其大也. 曰反者, 復反於大也. [蔣錫昌] 四十章"反者道之動"與此互相發明, 可合觀之. 此三句可包括老子全部之哲學. [高亨] 此十五字疑本作"强爲之容曰大, 曰逝, 曰遠, 曰返." 名、容形近, 且涉上文而譌.

○ **域中有四大, 而王處一焉.**

[王弼] 凡物有稱有名則非其極也. 言道則有所由, 有所由然後謂之爲道, 然則是道, 稱中之大也, 不若無稱之大也. 無稱不可得而名曰域也. 道、天、地、王皆在乎無稱之內, 故曰, 域中有四大者也. [朴世堂] 夫王者之所以爲大者, 以其能法天地而合乎道也. [蔣錫昌] 老子屢以"天"、"地"、"侯王"與"道"並言. 蓋以三者皆爲道所生, 而得其一體故也. 十六章"王乃天, 天乃道.", 此以王、天、道三者並言也. … 下文"人法地"之"人", 卽指此文之"王"字而言.

○ **人法地, 地法天, 天法道, 道法自然.**

[李約] 蓋王者, 法地、法天、法道之三自然妙理, 而理天下也. … 法地地, 如地之無私載. 法天天, 如天之無私覆. 法道道, 如道之無私生成而已矣. 如君君、臣臣、父父、子子之例也. [蔣錫昌] 古者"人"、"民"三(*二)字往往互用, 但此"人"字, 則爲人君之代名詞, 不能解作普通之人民. [張松如] 王者, 所謂體道之人. 因此接着說"王"如何體道, 四句皆以"王"爲主語, 順理成章. 高亨曰: "余疑此文原作'王法地, 法天, 法道, 法自然.' 重地、天、道三字, 後人所益也." 實則"地地"、"天天"、"道道", 皆"自然"也, "自然"乃總結以上三者而言. [高明] 按"人法地, 地法天, 天法道", 所言非謂王者只得"法地"而不得"法天"、"法道", 而謂人、地、天皆法於道也. 若此句法如四十二章"道生一, 一生二, 二生三, 三生萬物". 此雖謂"三生萬物", 不言而喻, 生萬物者當爲"道", 絕不會理解爲生萬物者"三"耳.

[馬甲] 有物昆成, 先天地生. 繡(寂)呵繆(寥)呵, 獨立◇◇◇, 可以爲天地母. 吾未知其名, 字之曰道. 吾强爲之名曰大. 大曰筮(逝), 筮(逝)曰◇,

◇◇◇. ◇◇, 天大, 地大, 王亦大. 國中有四大, 而王居一焉. 人法地, ◇法◇, 天法◇, ◇法◇◇. **[馬乙]** 有物昆成, 先天地生. 蕭(寂)呵漻(寥)呵, 獨立而不(改), 可以爲天地母. 吾未知其名也, 字之曰道. 吾强爲之名曰大. 大曰筮(逝), 筮(逝)曰遠, 遠曰反. 道大, 天大, 地大, 王亦大. 國中有四大, 而王居一焉. 人法地, 地法天, 天法道, 道法自然. **[敦五]** 有物混成, 先天地生. 寂漠, 獨立不改, 周行不殆, 可以爲天下母. 吾不知其名, 字之曰道, 吾强爲之名曰大. 大曰逝, 逝曰遠, 遠曰反. 道大, 天大, 地大, 王大. 域中有四大, 而王處一. 人法地, 地法天, 天法道, 道法自然. **[道藏]** 有物混成, 先天地生. 寂兮寥兮, 獨立而不改, 周行而不殆, 可以爲天下母, 吾不知其名, 字之曰道. 强爲之名曰大. 大曰逝, 逝曰遠, 遠曰反. 故道大, 天大, 地大, 王亦大. 域中有四大, 而王居其一焉. 人法地, 地法天, 天法道, 道法自然. **[傅校]** 有物混成, 先天地生. 寂兮寞兮, 獨立而不改, 周行而不殆, 可以爲天下母. 吾不知其名, 故强字之曰道, 强爲之名曰大. 大曰逝, 逝曰遠, 遠曰返. 道大, 天大, 地大, 人亦大. 域中有四大, 而王處其一尊. 人法地, 地法天, 天法道, 道法自然.

32

道恒無名, 樸. 雖小而天下不敢臣. 侯王若能守之, 萬物將自賓. 天地相合, 以降甘露, 民莫之令而自均. 始制有名, 名亦旣有, 夫亦將知止. 知止, 所以不殆. 譬道之在天下, 猶川谷之與江海也.

道는 언제나 無名으로서 樸이다. 그것은 비록 작으나 天下의 누구라도 낮추어 업신여기지 못한다. 侯王이 그것을 遵守할 수 있다면, 萬物이 스스로 歸依할 것이다. 天地가 서로 和合하여 甘露를 내리니, 人民이 敎令이 없어도 저절로 다스려진다. 有明의 品類를 비로소 만들어, 名이 또한 이미 있어도, 侯王이 또한 그침을 알 것이다. 그침을 아는 것이야말로 危殆를 겪지 않는 까닭이다. 道가 天下에 있음은 곧 냇물이 江海로 흘러드는 것과 같다.

○ 道恒無名, 樸.

[河上公] 道能陰能陽, 能弛能張, 能存能亡, 故無常名. [王弼] 道無形不系, 常不可名, 以無名爲常, 故曰道常無名也. 樸之爲物, 以無爲心也,

亦無名, 故將得道, 莫若守樸. **[李約]** 今謂之道, 是强名也. **[朴世堂]** 樸卽
道也, 所謂無名之樸, 是也. **[蔣錫昌]** "道常無名", 言大道初成, 尙無名號
可稱也. 此句與下文"始制有名"相對言之. "樸"者, 眞之未散, 卽指初成
之道而言, 三十七章所謂"無名之樸"也. **[高亨]** "名"下疑挩"之"字. 三十
七章曰: "吾將鎭之以無名之樸." 無名之樸卽道也.

○ **雖小而天下不敢臣.**

[河上公] 道樸雖小, 微妙無形, 天下不敢有臣使道者. **[王弼]** 夫智者可
以能臣也, 勇者可以武使也, 巧者可以事役也, 力者可以重任也, 樸之爲
物, 憒然不偏, 近於無有, 故曰莫能臣也. 抱樸爲無, 不以物累其眞, 不以
欲害其神, 則物自賓而道自得也. **[蔣錫昌]** "小"者, 道體微眇, 不可得見
之謂. 張晏曰, "古人相與語, 多自稱臣, 自卑下之道也."(漢書高帝紀注),
是"臣"字本含有卑輕之意.

○ **民莫之令而自均.**

[河上公] 萬物莫有敎令之者, 而皆自均調如一. **[王弼]** 我守其眞性無爲,
則民不令而自均也. **[李約]** 王道無偏, 故德澤平施, 豈待命令. **[蔣錫昌]**
"自均"卽五十七章"自化"之誼. 此言天地相合, 則甘露下降, 上行無爲,
不發號施令, 而民乃自化也. **[高亨]** 民莫之令而自均, 猶言莫之令而民自
均也. … 擧此以見道之無爲而無不爲.

○ **始制有名, 名亦旣有, 夫亦將知止.**

[河上公] 始, 道也. 有名, 萬物. 道無名, 能制於有名. 無形, 能制於有
形. 旣, 盡也. 有名之物盡有情欲, 叛道離德, 故身毀辱. **[王弼]** 始制, 謂
樸散始爲官長之時也. 始制官長, 不可不立名分以定尊卑, 故始制有名
也. **[李約]** 道至於此, 始可制服有名之物. 有名之物, 卽山川可祭之神,

林泉可征之士. **[朴世堂]** 始者, 無名之始, 始制有名, 以無名制有名也.
… 名亦旣有, 言以道制物, 而生生者各遂其生也. **[蔣錫昌]** "始制有名",
言大道裁割以後, 卽有名號, 二十八章所謂"樸散則爲器"也. "名亦旣有,
夫亦將知止", 言世界旣有名號, 則庶業其繁, 飾僞萌生, 爲人君者, 亟應
知止勿進也.

○ 知止, 所以不殆.

[蔣錫昌] 知止之道奈何? 卽行無爲以返於泰初之治, 二十八章所謂"復
歸於樸", 三十七章所謂"化而欲作, 吾將鎭之以無名之樸"也. … 此言人
君知止無爲, 則可以免世風澆薄之危殆, 六十四章所謂"爲之於未有, 治
之於未亂"也.

異本

[馬甲] 道恒無名, 樀(樸). 唯(雖)◇◇◇◇◇◇◇. ◇王若能守之, 萬物
將自賓. 天地相谷(合), 以俞甘洛(露). 民莫之◇, ◇◇均焉. 始制有◇,
◇◇◇有, 夫◇◇◇◇◇. ◇◇, 所以不◇. 俾(譬)道之在天◇◇, ◇◇浴
(谷)之與江海也. **[馬乙]** 道恒無名, 樸. 唯(雖)小而天下弗敢臣. 侯王若能
守之, 萬物將自賓. 天地相合, 以俞甘洛(露). ◇◇◇令而自均焉. 始制
有名, 名亦旣有, 夫亦將知止. 知止, 所以不殆. 卑(譬)◇◇在天下也,
猷(猶)小浴(谷)之與江海也. **[敦五]** 道常無名, 樸. 雖小, 天下不敢臣. 王
侯若能守, 萬物將自賓. 天地相合, 以降甘露, 民莫之令而自均. 始制有
名, 名亦旣有, 夫亦將知止. 知止不殆. 譬道在天下, 猶川谷與江海. **[道
藏]** 道常無名, 樸. 雖小, 天下不敢臣. 王侯若能守之, 萬物將自賓. 天地
相合, 以降甘露, 民莫之令而自均. 始制有名. 名亦旣有, 天亦將知之.
知之, 所以不殆. 譬道之在天下, 猶川谷之與江海. **[傅校]** 道常無名. 樸.
雖小, 天下莫能臣. 王侯若能守, 萬物將自賓. 天地相合, 以降甘露, 民莫

之令, 而自均焉. 始制有名. 名亦旣有, 夫亦將知止. 知止, 所以不殆.
譬道之在天下, 猶川谷之與江海也.

34

大道泛兮, 其可左右也. 萬物恃之以生而不辭, 成功遂事
而不名有也. 衣被萬物而不爲主, 可名於小. 萬物歸焉而不
知主, 可名於大. 聖人之能成大, 以其終不爲大, 故能成其
大.

大道는 드넓게 끝이 없이 흘러넘치니, 이곳에도 있고 저곳에도 있
어 없는 곳이 없이 이른다. 萬物이 그것을 믿고 기대어 自生하되 道는
그 德分을 말하지 아니하고, 功績을 이루고 事業을 마치되 道는 그 名
位를 갖지 않는다. 萬物에게 恩澤을 입히되 道는 그 主宰가 되지 않으
니, 大道의 本體는 찾을 수 없을 만큼 작다고 일컬을 만하다. 萬物이 歸
依하되 主宰인 줄 알지 못하니, 大道의 妙用은 비길 수 없을 만큼 크다
고 일컬을 만하다. 聖人이 偉大한 功業을 이루는 까닭은 처음부터 끝
까지 늘 偉大한 功業이 될 것을 바라고 하지 않는 데 있으니, 그래서 偉
大한 功業을 이루는 것이다.

集注

○ 大道泛兮, 其可左右也.

[河上公] 言道泛泛, 若沉若浮, 若有若無, 視之不有, 說之難殊. 道可左可右, 無所不宜. [王弼] 言道泛濫, 無所不適, 可左右上下周旋, 而用則無所不至也. [李約] 大道泛泛兮, 不擊於一方, 而云可左可右者, 略擧兩端, 明備萬物. [李珥] (*董)氏曰: "汎, 無滯貌. 惟不麗於一物, 不離乎當處, 無處不有, 無時不然, 是以左右逢其原也." [蔣錫昌] 二十五章"周行而不殆." 王注"周行, 無所不至." "汜兮其可左右", 卽二十五章所謂"周行", 王注所謂"無所不至"也. "大道汜兮, 其可左右", 言大道汜濫, 左右周行, 而無所不至也.

○ 萬物恃之以生而不辭, 成功遂事而不名有也.

[河上公] 萬物皆待道而生, 道不辭謝而止. [蔣錫昌] 『易‧緊辭』釋文"辭, 說也.". "萬物恃之而生而不辭", 言萬物賴道而生, 而道未嘗爲說也. 『論語』"天何言哉. 四時行焉, 百物生焉.", 正與此誼相合. … "功成而不有", 言萬物功成而道不有其功也.

○ 衣被萬物而不爲主, 可名於小.

[河上公] 道雖愛養萬物, 不如人主有所收取. 道匿跡藏名, 泊然無爲, 似若微小. [王弼] 萬物皆由道而生, 旣生而不知其所由, 故天下常無欲之時, 萬物各得其所. 若道無施於物, 故名於小矣. [李約] 主則非忘功也. 世人之無欲者, 赤子也. 而道於物無欲, 可是如赤子之小者乎. [李珥] 萬物之資始生成, 莫非此道之流行, 體物不遺, 而不自有其能也. [蔣錫昌] 十四章"搏之不得名曰微". 『廣雅‧釋詁二』, "微, 小也.". 故此"小"非大小之小, 乃搏之不得之小, 言道之不可以體求也. "可名於小", 謂從道之無體方面言之, 可名之爲小也.

○ **萬物歸焉而不知主, 可名於大.**

[河上公] 萬物皆歸道受氣也, 道非如人主有所禁止. 萬物橫來橫去, 各使自在, 故可名於大也. [王弼] 萬物皆歸之以生, 而力使不知其所由, 此不爲小, 故復可名於大矣. [李約] 萬物悉歸於道, 道又不與爲主, 可是傲然爲大, 不顧於物者耶. [朴世堂] 萬物歸焉而不知主, 又何如其大也. [蔣錫昌] "萬物歸之而不知主", 言萬物皆歸道以生而不知其主也. … 二十五章"强爲之名曰大", 與此"大"文誼均同, 言道體無限, 故强名爲大也. "可名於大", 謂從道之無限方面言之, 可名之爲大也.

○ **聖人之能成大, 以其終不爲大, 故能成其大.**

[河上公] 聖人法道, 匿德藏名, 不爲滿大. 聖人以身率道, 不言而化, 萬事修治, 故能成其大. [王弼] 爲大於其細, 圖難於其易. [李約] 聖人法道, 法於爲小, 不法於爲大者, 恐失謙也. 本無爲大之心, 翻成遠大之業. [李珥] 聖人無我, 與道爲一, 故雖成如天之事功, 而終無自大之心, 此聖人之所以爲大也. [朴世堂] 不自大, 故能成其大, 猶所謂不自私, 故能成其私也. [蔣錫昌] 上文"不辭"、"不有", 皆言道之柔弱卑下而不自爲大. 此則言聖人亦當法道之柔弱卑下而不自爲大. "成其大", 卽四十四章"可以長久"之誼. "是以聖人以其終不自爲大, 故能成其大.", 言是以聖人法道之柔弱卑下, 不自爲大, 故得長久不殆, 而成其大也.

[馬甲] 道汎◇, ◇◇◇◇◇. ◇◇遂事而弗名有也. 萬物歸焉而弗爲主, 則恒無欲也, 可名於小. 萬物歸焉◇◇爲主, 可名於大. 是◇聲(聖)人之能成大也, 以其不爲大也, 故能成大. [馬乙] 道溺(汎)呵, 其可左右也. 成功遂◇◇弗名有也. 萬物歸焉而弗爲主, 則恒無欲也, 可名於小. 萬物歸焉而弗爲主, 可命(名)於大. 是以耶(聖)人之能成大也, 以其不爲

大也, 故能成大. **[敦五]** 大道泛, 其可左右. 萬物恃以生而不辭, 成功不名有. 衣被萬物不爲主, 可名於小. 萬物歸之不爲主, 可名於大. 是以聖人終不爲大, 故能成其大. **[道藏]** 大道汎兮, 其可左右. 萬物恃之而生, 而不辭, 功成而不名有. 愛養萬物而不爲主, 常無欲, 可名於小. 萬物歸焉而不爲主, 可名爲大. 是以聖人終不爲大, 故能成其大. **[傅校]** 大道泛泛兮, 其可左右. 萬物恃之以生而不辭, 功成而不居. 衣被萬物而不爲主, 故常無欲, 可名於小矣. 萬物歸之而不知主, 可名於大矣. 是以聖人能成其大也, 以其終不自大, 故能成其大.

40

反者道之動, 弱者道之用. 天下之物生於有, 有生於無.

反復 循環은 道의 運動이고, 微妙 柔弱은 道의 作用이다. 天下의 萬物은 太和의 有에서 생기고, 太和의 有는 虛冥의 無에서 생긴다.

○ 反者道之動, 弱者道之用.

[河上公] 反, 本也. 本者, 道之所以動, 動生萬物, 背之則亡. 柔弱者, 道之所常用也, 故能長久也. [嚴遵] 天人之道, 物類化變, 爲寡者衆, 爲賤者貴, 爲高者卑, 爲成者敗, 益之者損, 利之者害, 處其反者得其覆, 爲所求者失所欲. [王弼] 高以下爲基, 貴以賤爲本, 有以無爲用, 此其反也. 動皆知其所無, 則物通矣. 故曰反者道之動也. [司馬光] 一陰一陽之謂道. [陳景元] 反者, 復也, 變也. 虛靜者, 物之本. 物之將生, 先反復虛靜之原, 及其變也, 出虛靜而動之, 是先反而後動. [朴世堂] 反謂靜也. 歸根曰靜, 是也. 靜而後能動, 弱而後能强. 道以虛靜爲體, 謙弱爲用. [蔣錫昌] 十六章, “夫物芸芸, 各復歸其根.” 王注, “各返其所始也.” 三十章, “其事好還.” 王注, “爲始者務欲立功生事, 而有道者務欲還反無爲.” 綜上所言, “反”字實含有“反其眞”、“返其所始”、“還反無爲”之義. … 莊子天下篇

述老聃之道曰, “以濡弱謙下爲表, 以空虛不毀萬物爲實.”, 可知柔弱之目的, 固在不毀萬物, 而萬物不毀, 亦卽萬物之善成也. “弱者道之用”, 言用柔弱之道, 爲善成之用也.

○ 天下之物生於有, 有生於無.

[河上公] 萬物皆從天地生, 天地有形位, 故言生於有. 天地神明, 蜎飛蠕動, 皆從道生, 道無形, 故言生於無也. [嚴遵] 天地生於太和, 太和生於虛冥. [王弼] 天下之物, 皆以有爲生. 有之所始, 以無爲本. 將欲全有, 必反於無也. [李約] 萬物皆自有形天地而生也. 卽有形天地自道而生. 道, 無也. [陳景元] 天下萬物皆生於元氣. 元氣屬有光而無象, 雖有光景出於虛無. 虛無者, 道之體也. [朴世堂] 有生於無, 言凡物自無而生, 以明動生於靜, 強生於弱也. [蔣錫昌] “有”卽“有名”, “無”卽“無名”, 此言天下之物生於有名, 而有名又生於無名也. 天下之物生於有名, 乃道動之向前進, 有名生於無名, 乃道動之向後返. 二句文誼, 正與首句相應.

[馬甲] ◇◇◇, 道之動也. 弱也者, 道之用也. 天◇◇◇◇◇◇, ◇◇◇◇◇. [馬乙] 反也者, 道之動也. ◇◇者, 道之用也. 天下之物生於有, 有◇於無. [敦五] 反者道之動, 弱者道之用. 天地之物生於有, 有生於無. [道藏] 反者道之動, 弱者道之用. 天下萬物生於有, 有生於無. [傅校] 反者道之動, 弱者道之用. 天下之物生於有, 有生於無.

제2편

무위

無爲

제2편은 노자 제2장을 첫머리로 삼아 이와 밀접한 관련을 보이는 여타의 장들을 차례로 뽑아 엮었다. 노자 제2장은 "無爲"를 성인의 정치적 실천의 요체로 규정하는 주장을 담았다. 천하의 만물은 美醜、善惡 등과 같이 서로 대립하는 가운데 서로 의존하는 관계로 형성되어 있으니, 여기에는 아무것 하나도 특별히 有爲의 대상으로 삼을 만한 사물이 존재하지 않는다. 이것은 "無爲"의 必然을 설명한 것이다. 성인의 정치적 실천은 언제나 "無爲"에 머물고 "不言"에 그치니, 따라서 만물로 하여금 自作、自生하게 하되 어떠한 德分도 자랑하지 않으며 어떠한 형태의 名位도 차지하지 않는다. 이것은 "無名"의 當然을 설명한 것이다. 노자 제9장、제10장、제37장、제51장、제63장、제77장 및 제64장 전반부 등은 노자 제2장의 내용과 밀접한 관련을 보인다. 구문을 적시하면 다음과 같다.

2.1. 天下皆知美之爲美, 惡已. 皆知善之爲善, 斯不善已. 有無相生, 難易相成, 長短相形, 高下相盈, 音聲相和, 先後相隨.
　　○ 持而盈之, 不如其已. 揣而銳之, 不可長保. (第9章)

2.2. 是以聖人居無爲之事, 行不言之敎.
　　○ 道恒無爲也. 侯王如能守之, 而萬物將自爲. (第37章)
　　○ 爲無爲, 事無事, 味無味. 大小多少, 報怨以德. (第63章)
　　○ 爲之於未有, 治之於未亂. (第64章)

2.3. 萬物作而不辭, 生而不有, 爲而不恃, 成功而不居. 夫惟不居, 是以不去.
　　○ 生之, 畜之, 生而不有, 爲而不恃, 長而不宰. 是謂玄德. (第10章)
　　○ 生而不有, 爲而不恃, 長而不宰. 是謂玄德. (第51章)
　　○ 是以聖人爲而不有, 成功而不居. (第77章)

02

天下皆知美之爲美, 惡已. 皆知善之爲善, 斯不善已. 有
無相生, 難易相成, 長短相形, 高下相盈, 音聲相和, 先後相
隨. 是以聖人居無爲之事, 行不言之敎. 萬物作而不辭, 生
而不有, 爲而不恃, 成功而不居. 夫惟不居, 是以不去.

天下의 누구나 다 美가 美인 것을 알진대 美가 美인 까닭은 醜일 따
름이다. 누구나 다 善이 善인 것을 알진대 善이 善인 까닭은 곧 不善일
따름이다. 有、無는 서로 자리를 바꾸어 가면서 잇달아 생기고, 難、易
는 서로 채우고 서로 보태는 가운데 이루어지며, 長、短은 서로 견주고
서로 비추어 나타나고, 高、下는 서로 품어서 서로 안으며, 울리는 소리
와 들리는 소리는 서로 부르고 서로 섞여서 어우러지고, 先、後는 서로
붙좇아 따른다. 聖人은 無爲의 事業에 머물고, 말로써 가르치는 것이
없는 가르침을 베푼다. 萬物로 하여금 自作하게 하되 聖人은 그 德分
을 말하지 아니하고, 自生하게 하되 聖人은 제 것으로 所有하지 아니
하며, 저마다 제 삶을 營爲하게 하되 聖人은 그 德行을 자랑하지 아니
하고, 功績을 이루되 聖人은 그 名位를 차지하지 아니한다. 名位를 차
지하지 아니하는 까닭에 아무도 그를 버리고 떠나지 아니하는 것이다.

集注

○ 天下皆知美之爲美, 斯惡已. 皆知善之爲善, 斯不善已.

[河上公] 自揚己美使顯彰也. 有危亡也. 有功名也. 人所爭也. [嚴遵] 人之聰明可絕而不可散, 人之情欲可逆而不可順. 飭人之容, 傷人之性. 養人之欲, 損人之命. 世人所謂美善者, 非至美至善也. 夫至美, 非世所能見. 至善, 非世所能知也. [王弼] 美惡, 猶喜怒也. 善不善, 猶是非也. 喜怒同根, 是非同門, 故不可得偏擧也. [李約] 天下, 有天下之主也. 若所美與衆同, 豈非惡已. 若所善與衆異, 則誠不善也. [司馬光] 美善有迹, 爲衆所知, 非美之至者也. [陳景元] 美善生於妄情, 以情之所好爲美, 情之所惡爲惡, 縱己妄情, 非惡而何. 以己之所是爲善, 己之所非爲不善, 縱己是非, 安有美乎. [朴世堂] 辨別則人怨之, 矜伐則人惡之. [蔣錫昌] 無名時期以前, 本無一切名, 故無所謂美與善, 亦無所謂惡與不善. 迨有人類而後有名, 有名則有對待. 旣有美與善之名, 卽有惡與不善之名.

○ 有無相生, 難易相成, 長短相形, 高下相盈, 音聲相和, 先後相隨.

[嚴遵] 無以有亡, 有以無形. 難以易顯, 易以難彰. 寸以尺短, 尺以寸長. 山以谷摧, 谷以山傾. 音以聲別, 聲以音停. 先以後見, 後以先明. 故無無則無以見有, 無有則無以知無. 無難無以知易, 無易無以知難. 無長無以知短, 無短無以知長. 無山無以知谷, 無谷無以知山. 無音無以知聲, 無聲無以知音. 無先無以知後, 無後無以知先. 凡此數者, 天地之驗, 自然之符, 陳列暴慢, 然否相隨, 終始反覆, 不可別離, 神明不能遁, 陰陽不能違. 由此觀之, 帝王之事不可以有爲爲也. [王弼] 此六者, 皆陳自然不可偏擧之明數也. [司馬光] 凡事有形跡者, 必不可齊. 不齊則爭, 爭則亂, 亂則窮, 故聖人不貴. [陳景元] 此六事因矜美善動人有爲. 有爲旣彰, 偏執斯起, 殘賊互生, 物失其性, 故結以聖人無爲, 而玄德不去.

○ 是以聖人居無爲之事, 行不言之敎.

[王弼] 自然已足, 爲則敗也. 智慧自備, 爲則僞也. [陳景元] 此言上古無爲之君, 不以美善治天下, 而天下自治也. [朴世堂] 所以不欲辨別也. [蔣錫昌] 『老子』全書所謂"聖人", 皆指理想之人君而言. 『國語』十四, "疾不可爲也." 韋解, "爲, 治也." 故"無爲"卽無治也. … 五十七章云, "我無爲而民自化, 我好靜而民自正, 我無事而民自富, 我無欲而民自樸." 所謂"好靜"、"無事"、"無欲", 皆爲人君無爲自完之模範, 而"自正"、"自富"、"自樸", 則人民受感化後之自完生活. 此聖人行不言之敎(卽以身爲敎)也. 聖人以此爲治, 則人民自能飽食煖衣, 知足自樂.

○ 萬物作而不辭.

[河上公] 各自動作, 不辭謝而逆止. [李約] 不擾故不失業, 謂自得故不謝. [陳景元] 聖人在宥天下, 無事無爲, 故百姓耕而食, 織而衣, 含鋪而熙, 鼓腹而游, 樂其性分而動, 皆飮無爲之化也. 故聖人任之而不辭, 夫民可使由之, 而不可使知之. 此乃上德不德之風也. [蔣錫昌] 『老子』書中所謂"萬物", 多指人民而言, 以人爲萬物之主也.

○ 生而不有, 爲而不恃, 成功而不居.

[王弼] 因物而用, 功自彼成, 故不居也. [司馬光] 存養萬物而不取以爲己有. 聖人於天下不能全無所爲, 但不恃之以爲己力耳. [陳景元] 萬物自生, 卓然獨化, 不爲己有. 群品營爲, 各適其性, 不恃己德. 功成事遂, 道洽於物, 心游姑射之山, 不居萬民之上. 此聖人之全德也. [朴世堂] 所以不自矜伐也. [蔣錫昌] 『老子』之文, 渾樸多複. 或文義全同, 或文字稍異, 而意義全同. 且多用韻, 一唱三歎, 不避累疊. 其體蓋自古代歌謠蛻化而來. … "功成而不居"謂人民功成而聖人不居也.

○ 夫惟不居，是以不去.

[嚴遵] 夫唯不敢寧居而增修其德者, 則忘功而功存, 故不居而不去. 化與道均, 不望其功, 德與天齊, 不求其報, 遁功逃名, 深隱玄域. 雖欲不居, 是以不去也. [王弼] 使功在己, 則功不可久也. [司馬光] 汝惟不矜, 天下莫與汝爭能, 汝惟不伐, 天下莫與汝爭功. [陳景元] 夫聖人功同造化, 使萬物咸得其極, 而忘名忘己也. 不居者, 不以位爲己有, 故民莫覺莫知, 是以其道不喪, 其德不去也. [朴世堂] 去, 離也. 不自居其善美, 是以善美不離於其身也. [蔣錫昌] "夫唯不居, 是以不去", 謂夫唯聖人不居人民之功, 故其功永留世間而不去也.

[郭店] 天下皆知美之爲美也, 惡已. 皆知善之爲善, 此斯不善已. 有無之相生也, 難易之相成也, 長短之相形也, 高下之相呈也, 音聲之相和也, 先後之相隨也. 是以聖人居亡爲之事, 行不言之敎. 萬物作而弗治也, 爲而弗志也, 成而弗居也. 夫唯弗居也, 是以弗去也. [馬甲] 天下皆知美爲美, 惡已, 皆知善, 訾(斯)不善矣. 有無之相生也, 難易之相成也, 長短之相刑(形)也, 高下之相盈也, 意(音)聲之相和也, 先後之相隋(隨), 恒也. 是以聲(聖)人居無爲之事, 行◇◇◇◇. ◇◇◇◇◇◇也, 爲而弗志(恃)也, 成功而弗居也. 夫唯居, 是以弗去. [馬乙] 天下皆知美之爲美, 亞(惡)已. 皆知善, 斯不善矣. ◇◇◇◇生也, 難易之相成也, 長短之相刑(形)也, 高下之相盈也, 音聲之相和也, 先後之相隋(隨), 恒也. 是以耶(聖)人居無爲之事, 行不言之敎. 萬物昔(作)而弗始, 爲而弗侍(恃)也, 成功而弗居也. 夫唯弗居, 是以弗去. [敦五] 天下皆知美之爲美, 斯惡(惡)已, 皆知善之爲善, 斯不善已. 有無相生, 難易相成, 長短相形, 高下相傾, 音聲相和, 先後相隨. 是以聖人治, 處無爲之事, 行不言之敎. 萬物作而不爲始, 爲而不恃, 成功不處. 夫唯不處, 是以不去. [道藏] 天下皆知美

之爲美, 斯惡已. 皆知善之爲善, 斯不善矣. 故有無之相生, 難易之相成, 長短之相形, 高下之相傾, 音聲之相和, 前後之相隨. 是以聖人處無爲之事, 行不言之敎. 萬物作而不辭, 生而不有, 爲而不恃, 功成弗居. 夫惟弗居, 是以不去. **[傅校]** 天下皆知美之爲美, 斯惡已. 皆知善之爲善, 斯不善已. 故有無之相生, 難易之相成, 長短之相形, 高下之相傾, 音聲之相和, 前後之相隨. 是以聖人處無爲之事, 行不言之敎. 萬物作而不爲始, 生而不有, 爲而不恃, 功成不處. 夫惟不處, 是以不去.

09

[經文]

持而盈之, 不如其已. 揣而銳之, 不可長保. 金玉滿室, 莫之能守. 富貴而驕, 自遺其咎. 功遂身退, 天之道也.

[飜譯]

붙들어 그득하게 채운 것은 그에 앞서 그치는 것만 못하다. 더듬어 날카롭게 만든 것은 오래도록 간직하지 못한다. 金玉이 집안에 가득한들 아무도 그것을 지키지 못한다. 富貴하고 驕慢하면 스스로 災殃을 입는다. 功績이 이루어지면 몸이 물러나는 것은 하늘의 道이다.

[集注]

○ 持而盈之, 不如其已. 揣而銳之, 不可長保.

[河上公] 盈, 滿也. 已, 止也. 持滿必傾, 不如止也. 揣, 治也. 先揣之, 後必棄捐. [王弼] 持謂不失德也. 旣不失其德, 又盈之, 勢必傾危. 故不如其已者, 謂乃更不如無德無功者也. 旣揣末令尖, 又銳之令利, 勢必摧衄, 故不可長保也. [李約] 持滿者鮮能不傾, 未若止而居中. 已, 止也. 磨而至銳, 保其不折, 未之前聞. 揣, 磨也. 銳, 薄也. [司馬光] 恃勢恃位, 恃才恃德, 而自滿者, 不如無勢無位, 無才無德. 揣知物情, 銳求進入, 必將失之. [李珥] 恐盈之或溢, 而持固之, 不若不盈之爲安也, 恐銳之或

折, 而揣量之, 不若不銳之可保也. 蘇氏曰: "無盈, 則無所用持, 無銳, 則無所用揣矣" [朴世堂] 持, 手執物也. 揣, 手度物也. 執持之而求其盈, 盈則必溢. 揣度之而求其銳, 銳則必折. [蔣錫昌] 老子欲與下句"揣而梲之"相對, 故將"持盈"二字變作"持而盈之"也. 『說文』, "持, 握也." 臯鸞序疏, "執而不釋謂之持." 是"持盈"猶執盈而不失也. … 四章, "挫其銳", 五十六章, "挫其銳", 與此"銳"字文誼並同. "揣", 捶也. "揣而銳之, 不可長保", 與上文"持而盈之, 不如其已", 文異誼同.

○ 金玉滿室, 莫之能守.

[河上公] 嗜欲傷神, 財多累身. [嚴遵] 金玉之與身, 而名勢之與神, 若冰若炭, 勢不俱存. 故名者, 神之穢也. 利者, 身之害也. 養神之穢, 積身之害, 損我之所成, 而益我之所敗, 得之以爲利, 失之以爲害, 則彼思慮迷而趣舍悖也. [李約] 賈害者寶, 積必殺身, 孰云能守.

○ 富貴而驕, 自遺其咎.

[河上公] 夫富當賑貧, 貴當矜賤, 而反自驕恣, 必被禍害. [嚴遵] 富貴而不驕, 易言而難行. 身愈尊貴, 志愈高遠. 而富貴而驕, 猶炬得火, 擧明愈大, 炬明愈盡, 可不愼乎. [李約] 位高而倨患自掇也, 豈得尤人. [朴世堂] 銳而至於折矣.

○ 功遂身退, 天之道也.

[河上公] 言人所爲, 功成事立, 名跡稱遂, 不退身避位, 則遇於害, 此乃天之常道也. 譬日中則移, 月滿則虧, 物盛則衰, 樂極則哀. [李約] 夫爲功而功成, 圖事而事遂, 則當退身不處亢極, 是合天道虧盈也. [司馬光] 四時更運, 功成則移. [李珥] 劉師立曰: "盈則必虛, 戒之在滿, 銳則必鈍, 戒之在進, 金玉必累, 戒之在貪, 富貴易淫, 戒之在傲. 功成名遂必危,

在乎知止, 而不失其正." [朴世堂] 功成名遂身退, 則能知足而止矣. 日中則昃, 月盈則虧, 四時之序, 成功者去, 故曰天道.

異本

[郭店] 持而涅之, 不若其已. 揣而銳之, 不可長保也. 金玉涅室, 莫能守也. 貴富而喬, 自遺咎也. 功遂身退, 天之道也. [馬甲] 揰(持)而盈之, 不◇◇◇. ◇◇◆之◆之, ◆可長葆之. 金玉盈室, 莫之守也. 貴富而驕(驕), 自遺咎也. 功述(遂)身芮(退), 天◇◇◇. [馬乙] 揰(持)而盈之, 不若其已. 掀(揣)而允之, 不可長葆也. 金玉盈室, 莫之能守也. 貴富而驕, 自遺咎也. 功遂身退, 天之道也. [敦五] 持而滿之, 不若其已. 揣而梲之, 不可長寶. 金玉滿室, 莫之能守. 富貴而驕, 自遺其咎. 名成功遂身退, 天之道. [道藏] 持而盈之, 不如其已. 揣而銳之, 不可長保. 金玉滿堂, 莫之能守. 富貴而驕, 自遺其咎. 功成名遂身退, 天之道. [傅校] 持而盈之, 不如其已. 耑支(音揣, 量也.)而梲(土活切, 解也.)之, 不可長保. 金玉滿室, 莫之能守. 富貴而驕, 自遺其咎. 成名功遂身退, 天之道.

10

載營魄抱一, 能無離乎. 專氣致柔, 能如嬰兒乎. 滌除玄覽, 能無疵乎. 愛民治國, 能無以知乎. 天門開闔, 能爲雌乎. 明白四達, 能無以爲乎. 生之, 畜之, 生而不有, 爲而不恃, 長而不宰. 是謂玄德.

魂魄이 太和의 精氣를 품어 지니되, 身體와 分離되지 않도록 할 수 있는가? 精氣를 오롯이 모아 柔順한 데 이르되, 갓난아이와도 같을 수 있는가? 玄妙한 心鑑을 닦아 지니되, 티끌이 없도록 할 수 있는가? 人民을 愛育하고 國家를 統治함에 누구도 알아차리는 이가 없도록 할 수 있는가? 天門의 여닫음에 암컷처럼 柔順할 수 있는가? 明白히 四方에 通達하고 있어도 아무런 作爲가 없도록 할 수 있는가? 萬物을 낳고 萬物을 길러, 自生하게 하되 제 것으로 所有하지 아니하며, 저마다 제 삶을 營爲하게 하되 德行을 자랑하지 아니하고, 자라도록 기르되 主宰하지 아니한다. 이것을 곧 玄德이라고 이른다.

集注

○ 載營魄抱一, 能無離乎.

[河上公] 人能抱一, 使不離於身, 則長存. 一者, 道德所生, 太和之精氣也, 故曰一. [王弼] 人能處常居之宅, 抱一淸神. 能常無離乎, 則萬物自賓也. [李約] 人之生也, 必載魂, 魂是陽神, 陽神欲人生. 魄是陰鬼, 陰鬼欲人死. 故老子敎人營衛之法, 不使妄出構禍也. 營衛之法, 無過抱一. 一, 專一也, 抱專一之心, 魄故無由離身, 合於前境也. [朴世堂] 魄能載魂, 魂能抱一, 則能與道合, 離則遠於道矣. [蔣錫昌] 此"哉"字應連上章末句, 作"天之道也哉"讀. 二十章, "我恐人之心也哉"; 五十三章, "非道也哉"; 皆與此辭例同. 唐元宗頒『道德經注孝經疏』云, "頃改『道德經』'載'字爲'哉', 仍隸屬上句."(欽定全唐文卷三十二)『佩解集』與『冊府元龜』所引, 當卽此文. 其曰"仍"者, 明謂後人改"哉"爲"載", 讀屬下句, 今應仍從古本而隸屬上句也. 當從之. … "營魄", 魂魄也, 卽今語所謂精神. "抱一"者, 專心於一念之謂. "營魄抱一", 言將精神專心一念於導引之術, 而勿使散失雜馳也.

○ 滌除玄覽, 能無疵乎. 愛民治國, 能無以知乎.

[河上公] 當洗其心, 使潔淸也. 心居玄冥之處, 覽知萬事, 故謂之玄覽. 不淫邪也. 治身者, 呼吸精氣, 無令耳聞. 治國者, 布施德惠, 無令下知. [王弼] 任術以求成, 運數以求匿者, 智也. 玄覽無疵, 猶絕聖也. 治國無以智, 猶棄智也. 能無以智乎, 則民不辟而國治之也. [李約] 玄覽, 心也. 心靈通, 雖幽遠, 亦能覽而知之. 人皆多欲, 役之無度, 遂生瑕穢, 不能照燭, 故令以道洗滌, 除其塵累也. [李珥] 滌除者, 淨洗物欲也. 玄覽者, 照察玅理也. 蓋旣去聲色臭味之慾, 則心虛境淸, 而學識益進, 至於知行竝至, 則無一點之疵矣.

○ 天門開闔, 能爲雌乎.

[河上公] 天門, 北極紫微宮. 開闔, 終始五際也. 治身之天門謂鼻孔, 開謂喘息也, 闔謂呼吸也. 治身當如雌牝, 安靜柔弱. 治國應變, 和而不唱也. [王弼] 天門, 謂天下之所由從也. 開闔, 治亂之際也. 或開或闔, 經通於天下, 故曰天門開闔也. 雌應而不昌, 因而不爲. 言天門開闔, 能爲雌乎, 則物自賓而處自安矣. [李約] 天輔有德, 而愛民之君守雌用靜, 動不離道, 故天門長開, 授其福祚, 不者闔矣. [李珥] 開闔, 是動靜之意. 雌, 是陰靜之意. 此所謂定之以中正仁義而主靜者也.

○ 明白四達, 能無以爲乎.

[王弼] 至明四達, 無迷無惑, 能無以爲乎, 則物化矣. 所謂道常無爲, 侯王若能守, 則萬物自化. [張松如] 傅、范如此. "能無以爲", 敦煌及龍興碑作"而無爲", 武英殿王本作"能無爲", 他唐本與河上本, 道藏王本作"能無知". 帛書乙本作"能毋以知乎", 甲本損掩. "知"字與上文重復. 俞樾『平議』曰: "唐景龍碑作'愛民治國, 能無爲; 天門開闔, 能爲雌; 明白四達, 能無知.' 其義幷勝, 當從之."

○ 生而不有, 爲而不恃, 長而不宰. 是謂玄德.

[嚴遵] 不有不恃, 不以不宰, 變化冥冥, 天地自理. 去華離末, 歸初反始, 禍絶於我, 亂亡於彼, 福起於天, 德生於地, 然默默挽挽, 萬物齊均. 其德玄冥, 莫之見聞也. [李約] 有則下知也. 恃則非聖人也. 物不知謝生之所也. 冥運之至. [李珥] 天地生物, 而不有其功, 運用造化, 而不恃其力, 長畜羣生, 而無有主宰之心. 聖人之玄德, 亦同於天地而已. 玄德, 至誠淵微之德也.

異本

[馬甲] ◇◇◇◇◇, ◇◇◇◇. ◇◇◇◇, 能嬰兒乎. 修(滌)除玄藍(鑒), 能毋疵乎. 愛◇◇◇, ◇◇◇◇. ◇◇◇◇, ◇◇◇◇. ◇◇◇◇, ◇◇◇◇◇. 生之, 畜之, 生而弗◇, ◇◇◇◇◇, ◇◇◇德. [馬乙] 戴營袙(魄)抱一, 能毋離乎. 槫(搏)氣至柔, 能嬰兒乎. 修(滌)除玄監(鑒), 能毋有疵乎. 愛民桰(活)國, 能毋以知乎. 天門啟闔, 能爲雌乎. 明白四達, 能毋以知乎. 生之, 畜之, 生而弗有, 長而弗宰也, 是胃(謂)玄德. [敦五] 載營魄抱一, 能無離. 專氣致柔, 能嬰兒. 滌除玄覽, 能無疵. 愛民治國而無知, 明白四達而無爲, 天門開闔而爲雌. 生之, 畜之, 生而不有, 爲而不恃, 長而不宰, 是謂玄德. [道藏] 載營魄抱一, 能無離乎. 專氣致柔, 能如嬰兒乎. 滌除玄覽, 能無疵乎. 愛民治國, 能無爲乎. 天門開闔, 能無雌乎. 明白四達, 能無知乎. 生之, 畜之, 生而不有, 爲而不恃, 長而不宰, 是謂玄德. [傅校] 載營魄哀一, 能無離乎. 專氣致柔, 能如嬰兒乎. 滌除玄覽, 能無疵乎. 愛民治國, 能無以知乎. 天門開闔, 能爲雌乎. 明白四達, 能無以爲乎. 生之, 畜之, 生而不有, 爲而不恃, 長而不宰, 是謂玄德.

37

道恒無爲也. 侯王如能守之, 而萬物將自爲. 爲而欲作, 將正之以無名之樸. 夫亦將知足. 知足以靜, 萬物將自定.

道는 언제나 無爲하여 하는 것이 없다. 侯王이 하는 것이 없는 그것을 遵守할 수 있다면, 萬物이 저절로 化成하게 될 것이다. 化成하되 欲求를 낳으면, 侯王이 그것을 無名의 樸으로 制止할 것이다. 그렇게 하면 또한 滿足하여 欲求하지 않을 것이다. 滿足하여 欲求하지 않음으로써 淸靜에 이르면, 萬物이 저절로 安定될 것이다.

○ 道恒無爲也. 侯王如能守之, 而萬物將自爲.

[河上公] 道以無爲爲常. [王弼] 萬物無不由爲以治以成之也. [李約] 不失無爲, 則無不化. [陳景元] 侯王若能常以虛爲心, 以無爲身, 持守而不撓者, 萬物將自從其化也. 經曰, 我無爲而民自化. [李珥] 上天之載, 無聲無臭, 而萬物之生, 實本於斯, 在人則無思無爲, 寂然不動, 感而遂通天下之故也. [蔣錫昌] "道常"者, 道之眞, 一章所謂"常道"也.

○ 爲而欲作, 將正之以無名之樸.

[河上公] 吾, 身也. 無名之樸, 道也. 萬物以化效於己也, 復欲作巧僞者, 王侯當鎭撫以道德. [王弼] 化而欲作, 作欲成也, 吾將鎭之無名之樸, 不爲主也. [李約] 無名之樸者, 無爲之本也. 夫無爲也, 則無跡, 當何名之. 君執此以鎭人, 人孰敢妄動者也. [蔣錫昌] "欲", 欲也. "作", 起也. 『說文』, "鎭, 博壓也." "無名", 道也. "樸", 眞也. 此言設人民自生自長而有貪欲起者, 吾將壓之以道之眞也. 道之眞何? 卽無欲而已.

○ 夫亦將知足.

[蔣錫昌] 此言道之眞者, 卽是無欲. 此句係爲上句作解. 蓋侯王無欲, 則民亦無欲. 以上之所好, 下必從之, 五十七章所謂"我無欲而民自樸" 也. 明乎此, 則"無名之樸"卽"道", "道"卽"無欲". 三者詞異, 誼實同也. [高亨] 本章皆連環句法, "化"字疊, "鎭之以無名之樸"七字疊, "無欲"二字疊, 則重"無名之樸"非衍文而有挩文明矣.

○ 知足以靜, 萬物將自定.

[朴世堂] 不欲有所爲則靜, 靜則天下自正. 我好靜而民自正是也. [蔣錫昌] 五十七章"我好靜而民自正"與此文異誼同. 彼作"自正", 而此作"自定"者, 以"靜"、"定"爲韻耳. … "不欲"卽上文"無欲". "不欲以靜", 猶言以無欲靜也. 此言侯王以無欲自靜, 則天下皆受感化, 而將自定也. 此句又爲上句作解.

異本

[郭店] 道恒無爲也. 侯王如能守之, 而萬物將自爲. 爲而欲作, 將正之以無名之樸. 夫亦將知足. 知足以靜, 萬物將自定. [馬甲] 道恒無名, 侯王若守之, 萬物將自愪(化). 愪(化)而欲◇, ◇◇◇◇◇◇◇名之椢(樸). ◇◇

◇無名之樏(樸), 夫將不辱. 不辱以情(靜), 天地將自正. **[馬乙]** 道恒無名, 侯王若能守之, 萬物將自化. 化而欲作, 吾將闐(鎭)之以無名之樸. 闐(鎭)之以無名之樸, 夫將不辱. 不辱以靜, 天地將自正. **[敦五]** 道常無爲, 而無不爲. 王侯若能守, 萬物將自化. 化而欲作, 吾將鎭之以無名之樸(樸). 無名之樸, 亦將不欲. 無欲以靜, 天地自正. **[道藏]** 道常無爲, 而無不爲. 侯王若能守之, 萬物將自化. 化而欲作, 吾將鎭之以無名之樸. 無名之樸, 亦將不欲. 不欲以靜, 天下將自正. **[傅校]** 道常無爲, 而無不爲. 王侯若能守, 萬物將自化. 化而欲作, 吾將鎭之以無名之樸. 無名之樸, 夫亦將不欲. 不欲以靖, 天下將自正.

51

經文

道生之, 德畜之. 物形之, 勢成之. 是以萬物莫不尊道而貴德. 道之尊, 德之貴, 夫莫之爵而恒自然. 故道生之畜之, 長之育之, 亭之毒之, 蓋之覆之. 生而不有, 爲而不恃, 長而不宰. 是謂玄德.

飜譯

道가 낳으며, 德이 기른다. 萬物에 따라 短長、大小、動植、牝牡의 다름이 있도록 저마다 形狀을 입히고, 時勢에 따라 盛衰、强弱、消長、盈虧의 다름이 있도록 제 나름의 品類를 이룬다. 이래서 萬物은 어느 것이나 道를 尊崇하고 德을 貴重하게 여기지 않는 것이 없다. 道는 尊崇을 받고 德은 貴重하게 여겨지게 되니, 아무도 爵位를 주지 않아도 언제까지나 저절로 이룬다. 道는 낳아서 먹이고, 자라도록 기르고, 무르익어 여물게 하고, 덮어 감싼다. 自生하게 하되 제 것으로 所有하지 아니하며, 저마다 제 삶을 營爲하게 하되 德行을 자랑하지 아니하고, 자라도록 기르되 主宰하지 아니한다. 이것을 곧 玄德이라고 한다.

集注

○ 道生之, 德畜之. 物形之, 勢成之.

[河上公] 道生萬物. 德, 一也. 一主布氣, 而畜養. 一爲萬物設形象也. 一爲萬物作寒暑之勢以成之. [嚴遵] 天地人物含心包核, 有類之屬, 得道以生, 而道不有其德, 得一而成, 而一不求其福. 萬物尊而貴之, 親而愛之, 而無報其德. [陳景元] 道者, 虛無之體. 德者, 自然之用. 道體虛無, 運動而生物, 物從道受氣, 故曰生之. 德用自然, 包含而畜物, 物自德養形, 故曰畜之. 凡動植之類, 皆本道而生, 因德而養, 物質方具, 故曰形之. 物旣形矣, 則隨四時之勢而成之. [朴世堂] 道生德畜, 猶言父生母育. 短長、大小、動植、牝牡, 隨物而形之, 生之之謂也. 盛衰、强弱、消長、盈虧, 因勢而成之, 畜之之謂也.

○ 道之尊, 德之貴, 夫莫之爵而恒自然.

[嚴遵] 道高德大, 深不可言, 物不能富, 爵不能尊, 無爲爲物, 無以物爲, 非有所迫而性常自然. [李約] 世人之尊貴者, 爲受帝王錫命也. 而道德不假於此, 自有生成之功, 故爲物所尊貴也. [陳景元] 萬物咸被道德生成之功, 而尊貴若父母者, 又非假於爵命, 而常自然有所攝伏也. [李珥] 道卽天道, 所以生物者也. 德則道之形體, 乃所謂性也. 人物非道, 則無以資生, 非德, 則無以循理而自養, 故曰道生德畜也. 物之成形, 勢之相因, 皆本於道德, 故道德最爲尊貴也. [蔣錫昌] 三十二章, “民莫之令而均”, 與此文“夫莫之命而常自然”誼近. “莫之命”卽“莫之令”, “自然”卽“自均”. … 此言道之所以尊, 德之所以貴, 卽在於不命令或干涉萬物而任其自化自成也.

○ 故道生之畜之, 長之育之, 亭之毒之, 蓋之覆之.

[河上公] 道生於萬物, 非但生而已, 乃復長養、成熟、覆育, 全其性命.

人君治國治身，亦當如是也. **[陳景元]** 上言道生德畜，此不言德者，以道無不貫而略其文也. **[朴世堂]** 上旣言道生德畜，下又言道生之畜之者，分而言之則有道德之別，合而言之則道德一也. 長育、成熟、養覆，六者專言畜之之事，蓋王者奉天之道以養民爲重故也. **[蔣錫昌]** "養"當從易說作"蓋". 十五章王注，"蔽，覆蓋也."，卽據此文"蓋之覆之"而言，亦其證也. 『文選』謝靈運「初去郡」詩注引蒼頡篇，"亭，定也." 『廣雅·釋詁』，"毒，安也." "亭之毒之"，猶云定之安之也. "長之育之，亭之毒之，蓋之覆之."，三句詞異誼同，皆所以申述道生德畜之義也.

異本

[馬甲] 道生之而德畜之，物刑(形)之而器成之. 是以萬物尊道而貴◇. ◇之尊，德之貴也，夫莫之时(爵)而恒自然也. 道生之，畜之，長之，遂之，亭之，◆之，◇◇，◇◇. ◇◇弗有也，爲而弗寺(恃)也，長而弗宰也. 此之謂玄德. **[馬乙]** 道生之，德畜之，物刑(形)之，而器成之. 是以萬物尊道而貴德. 道之尊也，德之貴也，夫莫之爵也，而恒自然也. 道生之，畜◇，◇◇，◇之，亭之，毒之，養之，復(覆)◇. ◇◇◇◇，◇◇◇◇，◇◇弗宰. 是胃(謂)玄德. **[敦五]** 道生之，德畜之，物形之，熨(熟)成之. 是以萬物尊道貴德. 道尊德貴，夫莫之爵而常自然. 故道生之畜之，長之育之，成之雙(熟)之，養之覆(覆)之. 生而不有，爲而不恃，長而不宰. 是謂玄德. **[道藏]** 道生之，德畜之. 物形之，勢成之. 是以萬物莫不尊道而貴德. 道之尊，德之貴，夫莫之爵，而常自然. 故道生之，畜之，長之，育之，成之，熟之，養之，覆之. 生而不有，爲而不恃，長而不宰. 是謂玄德. **[傅校]** 道生之，德畜之. 物形之，勢成之. 是以萬物莫不尊道而貴德. 道之尊，德之貴，夫莫之爵，而常自然. 故道生之，德畜之，長之育之，亭之毒之，蓋之覆之. 生而不有，爲而不恃，長而不宰. 是謂玄德.

63

爲無爲, 事無事, 味無味. 大小多少, 報怨以德. 圖難於其易, 爲大於其細. 天下之難作於易, 天下之大作於細. 是以聖人終不爲大, 故能成其大. 夫輕諾必寡信, 多易必多難. 是以聖人猶難之, 故終於無難.

無爲를 이루고, 無事를 일삼고, 無味를 맛본다. 작은 것에서 큰 것을 미리 헤아리고 적은 것에서 많은 것을 미리 헤아리며, 德化로 怨恨을 미리 갚는다. 수월한 때에 어려운 것을 미리 꾀하고, 자잘한 때에 큰 것을 미리 이루어낸다. 天下의 어려운 일은 쉬운 일에서 만들어지고, 天下의 큰 일은 작은 일에서 만들어진다. 聖人은 처음부터 끝까지 늘 偉大한 功業이 될 것을 바라고 하지 않는 까닭에 偉大한 功業을 이룬다. 가벼이 여기고 벌이는 일은 반드시 미더움이 적으며, 수월히 여기고 벌이는 일은 반드시 어려움이 많이 따른다. 聖人은 오히려 쉬운 것을 어렵게 여기니, 그래서 어려움을 겪는 일이 없이 마친다.

集注

○ **爲無爲, 事無事, 味無味.**

[嚴遵] 味之於無味, 察之於無形, 故能分同異之類, 明是非之情. 爲之未有, 定之未傾, 勇功不見, 知名不稱, 福不得起, 禍不得生, 無福之福, 與於無聲, 無禍之禍, 息於無名, 主安民樂, 天下太平. **[王弼]** 以無爲爲居, 以不言爲敎, 以恬淡爲味, 治之極也. **[陳景元]** 解味無味者不味, 是非美惡之言, 而味大道無味之言. 經曰, 道之出口, 淡乎其無味也. **[朴世堂]** 爲乎無爲, 事乎無事, 味乎無味, 取其易也. **[蔣錫昌]** 三章"爲無爲, 則無不治", 卽此"爲無爲"之義. 四十八章"取天下常以無事", 卽此"事無事"之義. 三十五章, "道之出口, 淡乎其無味", 卽此"味無味"之義. 三句詞異誼同. **[高亨]** "味無味"當作"知無知". 蓋古文"知"字或有作"吷"者, 反文也. "吷"、"味"形近, 故譌作"味"耳.

○ **大小多少, 報怨以德.**

[河上公] 修道行善, 絕禍於未萌也. **[嚴遵]** 是非覆逆, 天下大傾, 物失其命, 家國以喪. 故善除患者, 不若無患之大也. 起事致治者, 不若默然者之貴也. 是以君子動未始之始, 靜無無之無, 布道施德, 變化於玄, 怒於不怒, 言於不言, 攻於不敢, 守於無端, 威於不武, 報怨未萌. **[王弼]** 小怨則不足以報, 大怨則天下之所欲誅, 順天下之所同者, 德也. **[李約]** 起於小小而能絕之, 則無大矣, 起於少少而能除之, 則無多矣, 如此報之, 則何怨之有. **[朴世堂]** 大而辨於小, 多而察於少, 有怨而報之以德, 謹其細也. **[蔣錫昌]** 奚侗曰, "'大小多少'句, 誼不可說, 疑上下或有簡." 錫昌按, 二句誼不可解, 當有誤文.

○ **圖難於其易, 爲大於其細. 天下之難作於易, 天下之大作於細.**

[河上公] 欲圖難事, 當於易時未及成也. 欲爲大事, 必作於小, 禍亂從

小來也. **[嚴遵]** 圖難於易, 治其本根, 絕之未兆, 使不得然. 事如秋毫, 功如太山, 爲大於細, 治之緜緜. 敬而愼之, 若始若新, 不爲所欲, 不求所便, 常與事反, 獨守其元. 與時俱盆, 日進無疆, 雖欲不大, 事物自然. 是故大難之將生也, 猶風邪之中人. 未然之時, 愼之不來. 在於皮毛, 湯熨去之. 入於分理, 微箴取之. 在於藏府, 百藥除之. 入於骨髓, 天地不能憂, 而造化不能治. 夫大事之將興也, 猶水之出於山也. 始於潤濕, 見於漣漣, 綿綿涓涓, 流爲溪谷, 汨汨湯湯, 濟舟漂石, 以成江海, 深大不測. **[李約]** 小則易也. 少是細也. 此必然之理, 善圖爲者, 在兆朕之時也. **[陳景元]** 夫是非美惡, 怨怒恩德, 皆生於微漸, 無不始於易而終成難, 初於細而後成大, 使圖度其始易之時, 則於終無難矣. 營爲於初細之日, 則於後無大矣. 若乃謀於已難, 爲於已大, 則怨怒深而禍亂積, 將欲釋難解紛, 不亦難乎. **[蔣錫昌]** “圖難於其易, 爲大於其細.”, 卽下章所謂“爲之於未有, 治之於未亂.”, 亦卽三章所謂“不尙賢, 使民不爭. 不貴難得之貨, 使民不爲盜. 不見可欲, 使民心不亂.”也.

○ 是以聖人終不爲大, 故能成其大.

[嚴遵] 聖人之建功名也, 微故能顯, 幽故能明, 小故能大, 隱故能彰, 志在萬民之下, 故爲君王. 威振宇內, 四海盡匡, 懸命受制, 莫有能當, 德與天地相參, 明與日月同光. **[李約]** 愼微之至. **[李珥]** 善惡, 皆由積漸而成. 若以細事爲微而忽之, 以易事爲無傷而不愼, 則細必成大, 易必成難, 言當愼之於始, 而慮其所終也. **[朴世堂]** 忽其細而不爲, 則終必至於大, 是以聖人常爲其小而不爲其大, 故能成其大.

○ 是以聖人猶難之, 故終於無難.

[嚴遵] 聖人心默而不動, 口默而不言, 目默而不視, 耳默而不聽. 動如天地, 靜如鬼神, 不爲而成, 不言而信, 進則無敵, 退則不窮, 身無纖介之

憂, 國無毛發之患. **[王弼]** 以聖人之才, 猶尙難於細易, 況非聖人之才, 而欲忽於此乎？故曰猶難之也. **[李約]** 愼厥始也. **[李珥]** 不愼於始, 則後必有悔. 聖人於易事, 猶難愼, 故終無難濟之事也. **[蔣錫昌]** 此言輕諾於前者, 必寡信於後. 多易於前者, 必多難於後. 故聖人行事應, 須愼重, 不可輕率也. 愼重之道, 莫若無爲, 無爲則無敗事矣. … 聖人視事艱難, 故爲無爲. 爲無爲, 則無難矣.

異本

[馬甲] 爲無爲, 事無事, 味無未(味). 大小多少, 報怨以德. 圖難乎◇◇◇, ◇◇◇◇◇◇. 天下之難作於易, 天下之大作於細. 是以聖人冬(終)不爲大, 故能◇◇◇. ◇◇◇◇◇◇◇, ◇◇必多難, 是◇◇人猷(猶)難之, 故冬(終)於無難. **[馬乙]** 爲無爲, ◇◇◇, ◇◇◇. ◇◇◇◇◇, ◇◇◇◇. ◇◇◇◇◇◇, ◇◇乎其細也. 天下之◇◇◇易, 天下之大◇◇◇. ◇◇◇◇◇◇◇, ◇◇◇◇◇◇. 夫輕若(諾)◇◇信, 多易必多難, 是以耶(聖)人◇◇之, 故◇◇◇◇. **[敦五]** 爲無爲, 事無事, 味無味. 大小多少, 報怨以德. 圖難於易, 爲大於細. 天下難事必作於易, 大事必作於小. 夫輕諾必寡信, 多易必多難. 是以聖人猶難之, 故終無難. **[道藏]** 爲無爲, 事無事, 味無味. 大小多少, 報怨以德. 圖難於其易, 爲大於其細. 天下之難事必作於易, 天下之大事必作於細. 是以聖人終不爲大, 故能成其大. 夫輕諾必寡信, 多易必多難. 是以聖人猶難之, 故終無難. **[傅校]** 爲無爲, 事無事, 味無味. 大小多少, 報怨以德. 圖難乎, 於其易, 爲大乎, 於其細. 天下之難事, 必作於易. 天下之大事, 必作於細. 是以聖人終不爲大, 故能成其大. 夫輕諾者, 必寡信. 多易者, 必多難. 是以聖人猶難之, 故終無難矣.

64

其安易持, 其未兆易謀, 其脆易判, 其微易散. 爲之於未有, 治之於未亂. 合抱之木, 生於毫末. 九層之臺, 起於累土. 百仞之高, 始於足下.

安定된 때라야 수월히 掌握하고, 兆朕이 아직은 없는 때라야 수월히 圖謀하며, 무르고 가녀린 때라야 수월히 가르고, 보이지 않게 자잘한 때라야 수월히 흩뜨린다. 아직은 미처 다 이루어지지 아니한 때에 갖추어 내야 하고, 아직은 어지럽지 아니한 때에 다스려야 한다. 아름이 넘는 나무라도 털끝처럼 작은 싹에서 자라난다. 九層의 墩臺도 자잘하게 쌓은 한 줌 흙덩이에서 일어난다. 百仞의 絕壁도 발아래 한 걸음에서 시작한다.

○ 其安易持, 其未兆易謀, 其脆易判, 其微易散.

[嚴遵] 未疾之人, 易爲醫也. 未危之國, 易爲謀也. 萌牙之患, 易事也. 小弱之禍, 易憂也. **[李約]** 防之於未然, 故易也. 於始生之時則除之, 故不

難也. **[李珥]** 凡事愼始, 則終必無患, 在修己, 則爲不遠而復, 在爲國, 則爲迨天未雨, 綢繆牖戶之意. **[朴世堂]** 安則幾未動也. 未兆則幾已動而形未著也. 脆、微則形已著而尙未至於堅凝而難破散也. **[蔣錫昌]** 『說文』, “安, 竫也.” 竫者, 謂民之知欲未起之時. “其安易持”, 言人主治民於知欲未起之時, 易於執持有效也. “其未兆易謀”, 誼同. “脆”爲“脃”字之俗. 『說文』, “脃, 小㬪易斷也.” 此喩知欲之初起. 『說文』, “判, 分也.” “其脆易判”, 言人主治民於知欲初起之時猶易漸使分散, 勿生大害也. 然若及其橫決而治之, 則無能爲力矣.

○ **九層之臺, 起於累土. 百仞之高, 始於足下.**

[河上公] 從小成大, 從卑至高, 從近至遠. **[嚴遵]** 爲大者不大, 爲小者不小, 爲高者不高, 爲卑者不卑, 不大不小, 乃生大小, 不高不卑, 乃生高卑. 故爲之者, 不爲之跡也. 不爲者, 爲之涂也. **[李約]** 大不可除, 高不可掩, 遠不可止. **[李珥]** 此設喩, 言凡大事必始於微細也. **[蔣錫昌]** 此喩聖人行無爲之治, 當始於人民知欲未起時也.

[馬甲] 其安也, 易持也. ◇◇◇◇◇, 易謀◇. ◇◇◇◇, ◇◇◇◇. ◇◇◇◇, ◇◇◇◇. ◇◇◇◇◇◇, ◇◇◇◇◇◇◇. ◇◇◇◇, ◇◇毫末. 九成之臺, 作於蘲(纍)土. 百仁(仞)之高, 台(始)於足◇. **[馬乙]** ◇◇◇◇, ◇◇◇, ◇◇◇◇, ◇◇◇◇◇◇. ◇◇◇◇◇◇. ◇◇◇◇, ◇◇◇◇木, 作於毫末, 九成之臺, 作於虆(纍)土, 百千之高, 始於足下. **[敦五]** 其安也易持, 其未兆也易謀, 其脆也易判, 其微也易散. 爲之於其未有也. 治之於其未亂也. 合抱之木, 作於毫末, 九成之臺, 作於虆(纍)土, 百千之高, 始於足下. **[道藏]** 其安易持, 其未兆易謀, 其脆易破, 其微易散. 爲之於未有, 治之於未亂. 合抱之木, 生於毫末, 九層之臺,

起於累土, 千里之行, 始於足下. **[傅校]** 其安易持, 其未兆易謀. 其脆易判, 其微易散. 爲之乎其未有, 治之乎其未亂. 合衰之木, 生於豪末. 九成之臺, 起於累土. 千里之行, 始於足下.

77

經文

天之道, 其猶張弓乎. 高者抑之, 下者擧之, 有餘者損之, 不足者補之. 天之道損有餘而補不足. 人之道則不然, 損不足以奉有餘. 孰能有餘以奉天下. 唯有道者. 是以聖人爲而不有, 成功而不居. 若此其不欲見賢.

天道는 활시위를 당기는 것과 같지 않은가? 높도록 겨냥한 것은 억눌러 낮추고, 낮도록 겨냥한 것은 들어서 높이며, 팽팽한 것은 세기를 덜도록 하고, 느슨한 것은 세기를 더한다. 天道는 넉넉한 것을 덜어서 모자란 것에 더한다. 人道는 그렇지 않으니, 모자란 것을 덜어서 넉넉한 것을 돕는다. 뉘라서 넉넉한 것을 덜어서 天下의 모자란 것을 받들어 도울 수 있는가? 오로지 天道를 따르는 사람일 것이다. 이래서 聖人은 營爲하게 하되 제 것으로 所有하지 아니하며, 功績을 이루되 名位를 차지하지 아니한다. 이처럼 聖人은 제 賢能을 드러내고자 하지 않는다.

集注

○ 天之道損有餘而補不足.

[嚴遵] 弦高急者寬而緩之, 弦弛下者攝而上之, 其有余者削而損之, 其不足者補而益之. 弦質相任, 上下相權, 平正爲主, 調和爲常, 故弓可抨而矢可行也. 夫按高擧下, 損大益小, 天地之道也. 反天以順民, 逆民以順道, 賢者爲佐, 聖人爲主, 務愛有余, 以爲左右, 智者居上, 癡者居下, 能大爵高, 伎小官卑, 功鮮賞微, 勞大祿重, 侯王之道. **[李珥]** 董氏曰: "天道無私, 常適乎中. 故滿招損, 謙受益, 時乃天道."

○ 孰能有餘以奉天下.

[河上公] 言誰居有餘之位, 自省爵祿以奉天下不足者, 唯有道德之君而能行之也. **[李約]** 誰能同天, 唯有道之人爲君, 則遏强撫弱, 爲人則以財賑乏, 此言賢君哲士也. **[陳景元]** 問曰, 誰能同天道下濟以恤於人, 喊損有余之爵祿, 以奉天下孤寒不足之人乎. 答曰, 唯有道之士、聖君、哲人, 乃能然也. **[蔣錫昌]** 此言世之人君, 孰能以有餘奉天下乎? 唯有道者能之也. 八十一章, "聖人不積", 卽此文以有餘奉天下之誼.

○ 若此其不欲見賢.

[河上公] 不欲人知己之賢. 匿功不居榮名, 畏天損有余. **[嚴遵]** 逃名遁勢, 玄冥是處, 滅端匿跡, 無形是守, 寂寞虛空, 莫能奪與, 魁然獨立, 與天同道. 夫何故哉? 憚道之殃, 不敢見賢也. **[李約]** 不伐其美, 不處其德者, 蓋不欲令物見己之賢也. **[朴世堂]** 見賢則有誇矜自大之心, 而失其所以賢矣. **[蔣錫昌]** 『說文』, "賢, 多財也." 三章, "不尙賢, 使民不爭", 謂不尙多財, 使民不爭也. 此"賢"亦訓多財, 卽指上文之"有餘"而言.

異本

[馬甲] 天下◇◇, ◇◇◇者也, 高者印之, 下者擧之, 有餘者敗(損)之, 不足者補之. 故天之道, 敗(損)有◇◇◇◇◇. ◇◇◇◇◇不然, 敗(損)◇◇◇奉有餘. 孰能有餘而有以取奉於天者乎. ◇◇◇◇◇◇. ◇◇◇◇◇◇◇◇◇, ◇◇◇◇◇◇◇. ◇◇◇◇◇見賢也. [馬乙] 天之道, 酉(猶)張弓也, 高者印(抑)之, 下者擧之, 有余(餘)者云(損)之, 不足者◇◇. ◇◇◇◇, 云(損)有余(餘)而益不足. 人之道, 云(損)不足而奉又(有)余(餘). 夫孰能又(有)余(餘)而◇◇奉於天者, 唯又(有)道者乎. 是以耶(聖)人爲而弗又(有), 成功而弗居也. 若此其不欲見賢也. [敦五] 天之道, 其猶張弓, 高者抑之, 下者擧之, 有餘者損之, 不足者與之. 天之道, 損有餘補不足. 人道則不然, 損不足奉有餘. 燊(孰)能有餘以奉天下. 唯有道者. 是以聖人爲而不恃, 成功不處, 其不欲示賢. [道藏] 天之道, 其猶張弓乎. 高者抑之, 下者擧之, 有餘者損之, 不足者與之. 天之道損有餘而補不足. 人之道則不然, 損不足以奉有餘. 孰能以有餘而奉不足於天下. 唯有道者. 是以聖人爲而不恃, 功成不處, 其不欲見賢. [傅校] 天之道, 其猶張弓者歟. 高者抑之, 下者擧之, 有餘者損之, 不足者補之. 天之道損有餘而補不足. 人之道則不然, 損不足以奉有餘. 孰能損有餘而奉不足於天下者, 其惟道者乎. 是以聖人爲而不恃, 功成而不居, 其不欲見賢邪.

무 욕

無 欲

　제3편은 노자 제3장을 첫머리로 삼아 이와 밀접한 관련을 보이는 여타의 장들을 차례로 뽑아 엮었다. 노자 제3장은 "無知"에 기초한 "無欲"을 성인의 정치를 이루는 근본 원리로 규정하는 주장을 담았다. 여기서 "無知"는 지식이 없는 상태를 가리키는 용어가 아니라 才能의 高下나 財貨의 貴賤에 대한 知覺이 아직 열리지 않은 상태를 가리키는 용어다. 才能의 高下나 財貨의 貴賤에 대한 知覺은 다툼과 도둑질을 부르니, "無知"에 기초한 "無欲"의 상태를 유지하는 것이야말로 성인의 정치다. 따라서 "無欲"은 才能과 財貨의 본질적 가치를 통틀어 부정하는 개념이 아니라 오로지 優劣를 가리는 偏向과 그 欲求를 부정하는 개념일 뿐이다. 노자 제29장、제67장、제73장 및 제64장 후반부 등은 노자 제3장의 내용과 밀접한 관련을 보인다. 구문을 적시하면 다음과 같다.

3.1. 不尙賢, 使民不爭. 不貴難得之貨, 使民不爲盜. 不見可欲, 使民心不亂.

　　○ 聖人欲不欲, 不貴難得之貨, 學不學, 復衆人之所過. (第64章)

　　○ 天之道, 不戰而善勝, 不言而善應, 不召而自來, 繟然而善謀. (第73章)

3.2. 是以聖人之治, 虛其心, 實其腹, 弱其志, 强其骨. 恒使民無知、無欲, 使夫知不敢不爲而已, 則無不治矣.

　　○ 夫天下神器也, 非可爲者也. 爲者敗之, 執者失之. (第29章)

　　○ 我恒有三寶, 持而寶之. 一曰慈, 二曰儉, 三曰不敢爲天下先. (第67章)

03

不尙賢, 使民不爭. 不貴難得之貨, 使民不爲盜. 不見可欲, 使民心不亂. 是以聖人之治, 虛其心, 實其腹, 弱其志, 強其骨. 恒使民無知、無欲, 使夫知不敢、不爲而已, 則無不治矣.

賢才 異能을 崇尙하지 아니하면 人民이 다투지 않는다. 獲得하기 어려운 財貨를 重視하지 아니하면 人民이 도둑질하지 않는다. 欲望할 만한 事物을 보이지 아니하면 民心을 어지럽히지 않는다. 이래서 聖人의 다스림은 그 欲心을 비우되 그 창자를 채우고 그 意志는 무르되 그 뼈대는 굳세게 만든다. 언제까지나 人民으로 하여금 無知하게 하고 無欲하게 하며, 聰明한 이로 하여금 敢行하지 않도록 하고 作爲하지 않도록 할 따름이라면, 다스리지 못함이 없는 것이다.

○ 不尙賢, 使民不爭.

[河上公] 賢謂世俗之賢. 辨口明文, 離道行權, 去質爲文. 不尙者, 不貴

之以祿, 不尊之以官也. **[嚴遵]** 世不尙賢則民不趨, 不趨則不爭, 不爭則不爲亂. **[王弼]** 賢, 猶能也. 尙者, 嘉之名也. **[李約]** 夫能不尙己賢, 孰與我爭. **[陳景元]** 夫人君之謙下雌靜, 不矜尙己之賢能, 則民之從化, 如風靡草柔, 遜是守何有爭乎. **[朴世堂]** 上不尊尙賢能之士, 則下無慕名上人之心, 而爭止矣. **[蔣錫昌]** 『說文』, “賢, 多財也. 从貝, 臤聲.” 不尙賢, 猶不多財, 與下文“不貴難得之貨”, “不見可欲”一律, 皆指財物而言. **[張松如]** 『莊子・天地』: “至德之世, 不尙賢, 不使能.” 王弼以莊釋老, 注曰: “賢猶能也.” 詞顯義長, 似可從. 如取多財義, 謂與下文一律, 實則是重復了.

○ 不貴難得之貨, 使民不爲盜. 不見可欲, 使民心不亂.

[河上公] 放鄭聲, 遠佞人. 不邪淫也. **[嚴遵]** 世不貴貨則民不欲, 不欲則不求, 不求則不爲盜. 世絶三五則民無喜, 無喜則無樂, 無樂則不淫亂, 此自然之數也. **[王弼]** 貴貨過用, 貪者競趣, 穿窬探篋, 沒命而盜. 故可欲不見, 則心無所亂也. **[李約]** 凡與我對者, 無不忘之, 則心必自靜. **[朴世堂]** 凡人不見可欲之物, 其心不亂. **[蔣錫昌]** 十二章, “難得之貨, 令人行妨.” 六十四章, “是以聖人欲不欲, 不貴難得之貨.” 以老校老, 此文自作“不貴難得之貨.” … 『經傳釋詞』, “可, 猶所也. … 『大戴禮・武王踐阼』篇, 席前右端之銘曰, ‘無行可悔.’ 可, 所也. 前有所悔, 後不復行, 故曰, ‘無行所悔.’ 『說苑・敬愼』篇作‘無行所悔.’, 是其證也. … 可與所同義, 故可得訓爲所, 所亦得訓爲可.” 是“不見可欲”, 猶“不見所欲”, 故『秦宓傳』引作“不見所欲”也. **[張松如]** 此“不見可欲”, 猶不見所欲, 故『蜀志・秦宓傳』, 宓報李權書引道家法曰: “不見所欲, 使心不亂.” 是其證也.

○ 恒使民無知、無欲, 使夫知不敢不爲而已, 則無不治矣.

[嚴遵] 無爵祿以勸之, 而孝慈自起. 無刑罰以禁之, 而奸邪自止. 反眞

復素, 歸於元始, 世主無爲, 天人交市. 翺翔自然, 物物而治也. **[陳景元]** 民雖有貴尙之知, 飾僞之迹者, 然已被其淸靜之風, 淳樸之化, 而自灰心 槁體, 不敢興動有爲之欲心也. **[朴世堂]** 雖其間有機巧之心者, 亦不敢有 所爲也. **[蔣錫昌]** 五十六章, "知者不言", 八十一章, "知者不博", 是老子 所謂"智者", 蓋指特有智慧之民而言. 上句"民"字, 指多數人民言, 此句 "智者", 乃指少數有智慧之民言.

異本

[馬甲] 不上賢, ◇◇◇◇. ◇◇◇◇◇◇, ◇民不爲◇. 不◇◇◇, ◇民 不亂. 是以聲(聖)人之◇◇, ◇◇◇, ◇◇◇◇, ◇◇◇, 强其骨. 恒使民無 知無欲也, 使◇◇◇◇◇◇, ◇◇◇◇◇. **[馬乙]** 不上賢, 使民不爭. 不貴難得之貨, 使民不爲盜. 不見可欲, 使民不亂. 是以耶(聖)人之治也, 虛其心, 實其腹, 弱其志, 强其骨. 恒使民無知無欲也, 使夫知不敢弗爲 而已, 則無不治矣. **[敦五]** 不上寶, 使民不爭. 不貴難得貨, 使民不盜. 不見可欲, 使心不亂. 聖人治, 虛其心, 實其腹, 弱其志, 强其骨. 常使民 無知無欲, 使知者不敢不爲, 則無不治. **[道藏]** 不尙賢, 使民不爭, 不貴難 得之貨, 使民不爲盜, 不見可欲, 使心不亂. 是以聖人之治, 虛其心, 實其 腹, 弱其志, 强其骨. 常使民無知無欲, 使夫智者不敢爲也. 爲無爲, 則無 不治. **[傅校]** 不尙賢, 使民不爭. 不貴難得之貨, 使民不爲盜. 不見可欲, 使民心不亂. 是以聖人之治也, 虛其心, 實其腹, 弱其志, 强其骨. 常使民 無知無欲, 使夫知者不敢爲, 爲無爲, 則無不爲矣.

29

將欲取天下而爲之, 吾見其不得已. 夫天下神器也, 非可
爲者也. 爲者敗之, 執者失之. 物或行或隨, 或噓或吹, 或强
或羸, 或培或墮. 是以聖人去甚、去奢、去泰.

天下를 有爲로 다스리고자 한다면, 나는 그것이 이루어질 수 없음
을 알 따름이다. 天下는 神器이니, 有爲로 다스려지는 것이 아니다. 有
爲로 다스리는 이는 神器를 부서뜨릴 것이요, 强制로 執行하는 이는
神器를 잃게 될 것이다. 事物은 어느 것은 앞서고 어느 것은 뒤따르며,
어느 것은 느리게 내쉬고 어느 것은 빠르게 내쉬며, 어느 것은 굳세고
어느 것은 무르며, 어느 것은 불어나고 어느 것은 무너진다. 이래서 聖
人은 非常을 없애고, 誇大를 없애고, 過度를 없앤다.

○ 將欲取天下而爲之, 吾見其不得已.

[河上公] 將欲取天下, 欲爲天下主也. 而爲之, 欲以有爲治民. 我見其
不得天道人心已明矣. [李約] 取天下之歡心. 以有爲取之, 我見此必不得

已. [蔣錫昌]『廣雅·釋詁』三, "取, 爲也." 國語, "疾不可爲也." 韋解, "爲, 治也." 是取與爲通, 爲與治通, 故四十八章河上公注, "取, 治也." "爲"者, 爲有爲也. "將欲取天下而爲之, 吾見其不得已.", 言世君將欲治天下而爲有爲者, 吾見其無所得也.

○ **夫天下神器也, 非可爲者也.**

[河上公] 器, 物也. 人乃天下之神物也. 神物好安靜, 不可以有爲治. [嚴遵] 天下者, 神靈所成, 太和所遂. 神靈所察, 聖智所不能及而威力之所不能制. [李約] 神器者, 人也. 身中居神, 所以謂之神器. 人性惡擾, 有爲則擾人, 故知不可以取天下. [朴世堂] 神器, 猶言大物也. [蔣錫昌]『老子』"器"字, 用爲萬物之代名. 二十八章, "樸散則爲器", 言樸散則爲萬物也. 六十七章, "故能成器長", 言故能成萬物之長也. "神器"卽人, 以人爲萬物之靈也. "爲"卽爲有爲. "執"亦有爲之意. "天下神器, 不可爲也, 不可執也. 爲者敗之, 執者失之.", 言天下乃萬民所組成, 人君不可施以有爲, 如施以有爲, 必致失敗無疑也. [高亨] 易順鼎曰, '不可爲也'下當有'不可執也'一句. …『文選』干令升『晉紀總論』注引『文子』稱『老子』曰, '天下, 大器也, 不可執也, 不可爲也, 爲者敗之, 執者失之.' 其證一.

○ **爲者敗之, 執者失之.**

[河上公] 以有爲治之, 則敗其質性. 强執敎之, 則失精實, 生於詐僞. [朴世堂] 天下不可以有爲爲之而得, 故爲之者敗其事, 執之者失其物. [高亨] 右六句爲一章.

○ **物或行或隨, 或噓或吹, 或强或羸, 或培或墮.**

[王弼] 凡此諸或, 言物事逆順反覆, 不施爲執割也. 聖人達自然之至,

暢萬物之情, 故因而不爲, 順而不施, 除其所以迷, 去其所以惑, 故心不亂而物性自得之也. **[陳景元]** 此八事, 謂外物不可必也. **[朴世堂]** 八者本於自然之理, 勢不可强而治之也. 强而治之則必有失敗之患. 是以聖人之於天下也, 物各付物而一任其自然, 但去其泰甚者而已. **[蔣錫昌]** "物"指人而言, 卽上文所謂"神器"也. "故物或行或隨", 言故天下之人, 其性或願行於前, 或好隨於後也. … 天下之人性, 雖有種種之不齊, 而聖人皆順而不施, 因而不爲也.

○ 是以聖人去甚、去奢、去泰.

[嚴遵] 甚, 有爲也. 奢, 不中和也. 泰, 高大也. 故去之也. **[陳景元]** 甚、奢、泰, 皆過當越分之謂也. **[朴世堂]** 奢亦過也. 曰甚, 曰奢, 曰泰, 皆過當之名. 此聖人之所以無爲而治也. 觀乎此, 則老子之所謂無爲者, 可知矣. 豈不事事之謂也哉. **[蔣錫昌]** "甚"、"奢"、"泰"三字並詞異誼同, 皆指有爲而言. 此三字之反, 卽四十八章之"損", 五十九章之"嗇", 六十九章之"儉". "損"、"嗇"、"儉"三字, 亦詞異誼同, 皆指無爲而言. **[高亨]** 右五句爲一章, 『老子』之相對論也.

[馬甲] 將欲取天下而爲之, 吾見其弗得已. 夫天下神器也, 非可爲者也. 爲者敗之, 執者失之. 物或行或隨, 或炅(熱)或吹, 或强或挫, 或壞(培)或撎(墮). 是以聲(聖)人去甚, 去大, 去楮(奢). **[馬乙]** 將欲取天下而爲之, 吾見其弗得已. 夫天下神器也, 非可爲者也. 爲之者敗之, 執之者失之. 物或行或隋(隨), 或熱, 或碎, 或陪(培)或墮. 是以耶(聖)人去甚, 去大, 去諸(奢). **[敦五]** 將欲取天下而爲之, 吾見其不得已. 天下神器, 不可爲. 爲者敗之, 執者失之. 夫物或行或隨, 或噓或吹, 或强或羸, 或接或墮. 是以聖人去甚, 去奢, 去泰. **[道藏]** 將欲取天下, 而爲之, 吾見其不得

已. 天下神器, 不可爲也. 爲者敗之, 執者失之. 故物或行或隨, 或噓或吹, 或强或贏, 或載或隳. 是以聖人去甚、去奢、去泰. **[傅校]** 將欲取天下而爲之者, 吾見其不得已. 夫天下神器, 不可爲也. 爲者敗之, 執者失之. 凡物或行或隨, 或噤或吹, 或强或到, 或培或墮. 是以聖人去甚, 去奢, 去泰.

64

經文

爲者敗之, 執者失之. 聖人無爲故無敗, 無執故無失. 民之從事, 恒於其幾成而敗之. 愼終如始, 則無敗事. 聖人欲不欲, 不貴難得之貨, 學不學, 復衆人之所過, 以輔萬物之自然而不敢爲.

飜譯

有爲로 다스리는 이는 神器를 부서뜨릴 것이요, 强制로 執行하는 이는 神器를 잃게 될 것이다. 聖人은 有爲로 다스리지 아니하는 까닭에 神器를 부서뜨리지 않으며, 强制로 執行하지 아니하는 까닭에 神器를 잃지 않는다. 人民의 從事는 언제나 거의 다 이루어지려다가 망가진다. 마치는 때까지 삼가는 몸가짐을 시작할 때처럼 한다면 망그러지는 일이 없을 것이다. 聖人은 欲求하지 않음을 欲求하여 獲得하기 어려운 財貨를 重視하지 아니하고, 學習하지 않음을 學習하여 衆人의 過誤를 돌이키니, 이로써 萬物의 自然하여 有爲하지 않는 本性을 돕는다.

集注

○ **民之從事, 恒於其幾成而敗之.**

[河上公] 民之爲事, 常於功德幾成而貪位好名, 而奢泰盈滿, 而自敗之也. [王弼] 不愼終也. [李約] 皆有始而無卒. [蔣錫昌] 爲之於已有, 故敗, 執之於已亂, 故失. 蓋聖人治民, 當早從事. 若待民知欲已多, 而後再以施爲治之, 形名執之, 無有不敗失者也. … 民本可以無爲成也, 而人主躁急從事, 每以有爲治之, 是常於幾成而敗之也.

○ **學不學, 復衆人之所過, 以輔萬物之自然而不敢爲.**

[河上公] 敎人反本實者, 欲以輔助萬物自然之性. [王弼] 不學而能者, 自然也. [蔣錫昌] 普通人君之所學者, 爲政敎禮樂等有爲之學, 其所不學者, 爲無爲之學. 爲有爲之學, 以致天下難治者, 此多數人君之過也. 聖人學人之所不學, 則自多數人君之所過, 返至道矣. [高亨] 無爲之義頗令人眩惑, 而本章乃明揭而出之曰, "以輔萬物之自然而不敢爲."

異本

[郭店] 爲之者敗之, 執之者失之. 聖人無爲故無敗, 無執故無失. 臨事之紀, 愼各如始, 此無敗事矣. 聖人欲不欲, 不貴難得之貨. 敎不敎, 復衆之所過. 是故聖人能專萬物之自然, 而弗能爲. [馬甲] ◇◇◇◇◇, ◇◇◇◇◇. ◇◇◇◇◇也, ◇無敗◇, 無執也, 故無失也. 民之從事也, 恒於其成事而敗之. 故愼終若始, 則◇◇◇◇. ◇◇◇◇欲不欲, 而不貴難得之賕(貨). 學不學, 而復衆人之所過, 能輔萬物之自◇, ◇弗敢爲. [馬乙] 爲之者敗之, 執者失之. 是以耶(聖)人無爲◇, ◇◇◇◇, ◇◇◇, ◇◇◇◇. 民之從事也, 恒於其成而敗之. 故曰, 愼冬(終)若始, 則無敗事矣. 是以耶(聖)人欲不欲, 而不貴難得之貨. 學不學, 復衆人之所過. 能輔萬

物之自然, 而弗敢爲. **[敦五]** 爲之者敗之, 執者失之. 是以耴(聖)人無爲也, 故無敗也, 無執也, 故無失也. 民之從事也, 恒於其成而敗之. 故曰, 愼冬(終)若始, 則無敗事矣. 是以耴(聖)人欲不欲, 而不貴難得之貨, 學不學, 復衆人之所過, 能輔萬物之自然, 而弗敢爲. **[道藏]** 爲者敗之, 執者失之. 聖人無爲故無敗, 無執故無失. 民之從事, 常於幾成而敗之, 愼終如始, 則無敗事. 是以聖人欲不欲, 不貴難得之貨. 學不學, 復衆人之所過, 以輔萬物之自然, 而不敢爲. **[傅校]** 爲者敗之, 執者失之. 是以聖人無爲故無敗, 無執故無失. 民之從事, 常於其幾成而敗之. 愼終如始, 則無敗事矣. 是以聖人欲不欲, 不貴難得之貨. 學不學, 以復衆人之所過. 以輔萬物之自然, 而不敢爲也.

67

經文

天下皆謂我大, 似不肖. 夫唯大, 故似不肖. 若肖, 久矣其細也夫. 我恒有三寶, 持而寶之. 一曰慈, 二曰儉, 三曰不敢爲天下先. 夫慈, 故能勇. 儉, 故能廣. 不敢爲天下先, 故能成器長. 今舍其慈且勇, 舍其儉且廣, 舍其後且先, 則死矣. 夫慈, 以戰則勝, 以守則固. 天將救之, 以慈衛之.

解語

天下가 모두 내가 도무지 커서 그 누구도 닮지 않았다고 한다. 도무지 크기 때문에 그 누구도 닮지 않은 것이다. 누구를 닮았다고 한다면, 그것은 이미 자잘한 것이다. 나에게는 언제나 堅持하고 貴重하게 保全하는 세 가지 善道가 있다. 첫째는 仁慈함이고, 둘째는 儉約함이고, 셋째는 天下의 人民보다 앞서 누리지 않음이다. 仁慈한 까닭에 濟物에 勇武하다. 儉約한 까닭에 施惠가 廣大하다. 天下의 人民보다 앞서 누리지 않는 까닭에 萬物의 君長을 이룬다. 오늘날 仁慈를 버리고 다만 勇武를 좇으며, 儉約을 버리고 다만 廣大를 찾으며, 謙退를 버리고 다투어 앞에 나서니, 죽음에 이르는 길이다. 仁慈로 싸우면 이기고, 仁慈로 지키면 굳세다. 하늘이 도우며, 仁慈로 지킨다.

集注

○ 天下皆謂我大，似不肖．

[河上公] 老子言，天下皆謂我德大，我則佯愚似不肖．[李約] 天下之人皆言我道大似不賢者．我則語之，夫大人，故其愚不可及也．[司馬光] 肖，似也，言異於衆人．[陳景元] 天下之人，皆言我道虛無廣大，光而不耀，盛德若愚，無所象似，猶如不賢也．[朴世堂] 盖當時多有以此語誚老子者，或老子自設此語以發下端，皆不可知．[蔣錫昌] "我"指聖人而言．二十五章，"故道大，天大，地大，王亦大."此文"我大"卽該章所謂"王亦大"也．"不肖"謂不類普通之俗君．"天下皆謂我大似不肖"，言天下皆謂聖人大，似不類俗君，二十章所謂"我獨異於人"也．蓋俗君好昭昭，聖人獨昏昏，俗君好察察，聖人獨悶悶，故不類也．

○ 夫唯大，故似不肖．若肖，久矣其細也夫．

[河上公] 肖，善，謂辯惠也．若大辯惠之人，身自高貴，行察察之政，所從來久矣．其細也夫，言辯惠者唯如小人，非長者．[王弼] 久矣其細，猶日其細久矣．肖則失其所以爲大矣，故夫日，若肖，久矣其細也．[顧歡] 獨猶聖德高大，故不夸笑於物，若其夸笑，久是群小也．河上云，肖者猶善也，言衆生不能履於善道者，皆爲我大故也．獨猶驕慢，我大所以不能履行善道者，久當卑小謙退也．[李約] 若賢使人得之者，此乃爲天下至細之人久矣．[陳景元] 夫獨我道虛無廣大，不爲下士所信，故以不賢也．若賢，前使人稱美之，不待於今亦以久矣．若爲人所稱美，其道豈足爲大邪．[朴世堂] 人皆謂我言雖大，而實似不肖，我之所以似不肖者，惟其大故也．若使我而肖，則其爲細人也，亦夫已久矣．[蔣錫昌] 夫唯聖人大也，故似不類俗君，若類，則久矣失其所以爲大也．

○ 我恒有三寶, 持而寶之. 一曰慈, 二曰儉, 三曰不敢爲天下先.

[蔣錫昌] 『廣雅·釋詁』, “寶, 道也.” 『檀弓』, “喪人無寶, 仁親以爲寶.”, 鄭注, “寶謂善道可守者.” 六十二章. “道者, … 善人之寶.”, 是老子以寶爲道. 六十九章, “輕敵, 幾喪吾寶.”, 謂幾喪吾道也. 此言我有三道, 持而寶之也. … “不敢爲天下先”, 謂聖人地位雖居人民之先, 然應謙退虛弱, 清靜自正, 而不可爲天下之先, 六十六章所謂“欲先民, 必以身後之”也. 七十三章, “勇於敢則殺, 勇於不敢則活.”, 是勇謂勇於謙退, 勇於防禦, 非謂勇於爭奪, 勇於侵略.

○ 夫慈, 故能勇. 儉, 故能廣. 不敢爲天下先, 故能成器長.

[河上公] 先以仁慈, 故乃勇於忠孝. 天子身能節儉, 故民日用廣矣. 成器長謂得道人也. 我能爲道人之長也. **[王弼]** 夫慈, 以陳則勝, 以守則固, 故能勇也. 節儉愛費, 天下不匱, 故能廣也. 唯後外其身, 爲物所歸, 然後乃能立成器, 爲天下利, 爲物之長也. **[顧歡]** 內蘊大慈, 外弘接物, 所以勇入三界, 俯救蒼生. 諸法虛幻, 合而不貪, 儉素清高, 故其德廣大. 只爲勇救蒼生, 退身度物, 故居界外獨處玉京, 爲衆聖之長, 降世則位居九五, 爲神器之尊. **[司馬光]** 仁者必有勇. 約省則有余. 成器猶成法也, 爲衆教之父, 故曰爲成器長. **[陳景元]** 聖人以慈爲行, 勇於濟物, 仁者必有勇, 不懼之謂也. 儉約其用者, 必能廣於賑施, 所謂節用而愛人也. 不敢先於天下, 則又能成器用之長. **[李珥]** 不敢先者, 謙也. 慈儉謙三者, 持身接物之寶訣也. 董氏曰: “仁者, 必有勇也.” 董氏曰: “守約而施博也.” 器, 物也. 自後者, 人必先之, 故卒爲有物之長也. 董氏曰: “乾之出庶物, 亦曰: ‘見羣龍無首吉.’” **[朴世堂]** 慈則愛下而下皆親上死長, 所以能勇. 儉則自損而益民, 所濟者多, 所以能廣. 不敢爲天下先則以身後於民而民皆樂推, 所以能成萬物之長. 器, 猶言物也. 勇廣與先, 世之所以肯而爲細者, 慈儉與後, 我之所以似不肯而爲大者也. **[蔣錫昌]** “器長”, 萬物之

長, 卽指人君而言, 二十八章所謂"官長"也. 此言聖人儉嗇無事, 則民自富, 故能廣而不匱. 不敢爲天下先, 故能成萬物之長, 而天下莫能與之爭也. [張松如] "成器長"者, 大器長也. 此"器"字, 自是二十九章"天下神器也, 非可爲者也"之器. 神器者, 重器也; 此"成器", 自亦與"神器"同誼.

○ 今舍其慈且勇, 舍其儉且廣, 舍其後且先, 則死矣.

[河上公] 今世人舍慈仁, 但爲勇武. 舍其儉約, 但爲奢泰. 舍其後己, 但務先人. 所行如此, 動入死道. [嚴遵] 出慈入勇, 出儉入廣, 釋後且先, 反和逆神, 動違自然, 福與之遠, 禍與之鄰, 大命以絶, 神氣散分, 天地不能安, 道德不能存, 臨死不覺, 怨命尤天. 非命薄也, 非人賊也, 安憍樂勢, 廢道而上力也. [王弼] 且猶取也. [顧歡] 合去慈悲, 且好行剛勇. 棄其儉素, 而廣貪於物. 忘退後之心, 趨進先之行. [李約] 不仁而勇, 勇必損物. 不約反, 奢必見之. 先己而後人, 人必銜怨. 此三行或闕其一則死矣, 況皆不行乎. [司馬光] 必爲物所害. [陳景元] 此三行皆非大道久長之術, 乃致喪家亡身, 故曰死矣. [李珥] 務勇則必忮, 務廣則必奢, 務先則必爭, 皆死之徒也. [朴世堂] 慈與勇相反, 以慈爲勇, 則勇莫大矣. 儉與廣相反, 以儉爲廣則廣之至矣. 後與先相反, 以後爲先則其先莫能與爭矣. 今若舍吾之慈儉與後, 而將爲世之勇廣與先, 則吾其死矣, 何暇能成其大乎. 勇則剛而多仇, 廣則侈而多怨, 先則肆而多忌, 皆死之道也. [蔣錫昌] 勇者必以慈爲本, 廣者必以儉爲本, 先者必以後爲本. 今俗君捨棄其本, 但務其末, 是滅亡之道也. [高亨] 王訓且爲取, 卽讀且爲抯爲戲耳. 且與抯、戲同聲系, 古通用, 舍、且義相反.

○ 天將救之, 以慈衛之.

[河上公] 夫慈仁者, 百姓親附, 并心一意, 故以戰則勝敵, 以守衛則堅固. 天將救助善人, 必與慈仁之性, 使能自營助也. [王弼] 相愍而不避於

難, 故正也. **[李約]** 將能用慈撫養士卒, 士卒心無貳, 故戰則勝, 守則固. 慈德動天, 天故救助, 以其將能用慈衛於士卒也. **[司馬光]** 仁者, 衆之所附. 人不忍傷. **[陳景元]** 夫天道福善禍淫, 善人則自天佑之吉, 無不利. **[李珥]** 董氏曰: "慈者, 生道之流行, 乃仁之用也. 故爲三寶之首. 以慈御物, 物亦愛之, 如慕父母, 效死不辭, 是以戰則勝, 守則固. 故曰:'仁者, 無敵於天下也.' 苟或人有所不及, 天亦將以慈救衛之, 盖天道好還, 常與善人故也." 程氏曰: "去邪而歧, 周以興, 是其救也." **[朴世堂]** 慈之能戰勝守固者, 以愛下而下爲致死, 雖天亦將救之, 何者. 慈之道, 足以自衛故也, 言人之所歸, 天之所助也. 只言慈者, 慈爲三寶只首, 擧一而包餘也. **[蔣錫昌]** "天將救之, 以慈衛之.", 言聖人苟有患難, 則天將救之, 以慈衛之, 七十九章所謂"天道無親, 常與善人."也. **[高亨]** 此二句疑本作 "天將以慈救之, 以慈衛之." … "以慈救之"承上文"以戰則勝"言, 謂以慈戰者, 天將以慈助之也. "以慈衛之"承上文"以守則固"言, 謂以慈守者, 天將以慈衛之也.

[馬甲] ◇◇◇◇◇◇, ◇◇. 夫唯◇, 故不宵(肖). 若宵(肖), 細久矣. 我恒有三葆(寶), ◆◆◆之. 一曰兹(慈), 二曰檢(儉), ◇◇◇◇◇◇◇◇. ◇◇, ◇◇◇, 儉, 故能廣, 不敢爲天下先, 故能爲成事長. 今舍其兹(慈), 且勇, 舍其後, 且先, 則必死矣. 夫兹(慈), ◇◇則勝, 以守則固. 天將建之, 女(如)以兹(慈)垣之. **[馬乙]** 天下◇謂我大, 大而不宵. 夫唯不宵, 故能大. 若宵(肖)久矣, 其細也夫. 我恒有三琛(寶), 市(持)而琛(寶)之. 一曰兹(慈), 二曰檢(儉), 三曰不敢爲天下先. 夫兹(慈), 故能勇, 檢(儉), 敢◆能廣, 不敢爲天下先, 故能爲成器長. 今舍其兹(慈), 且勇, 舍其檢(儉), 且廣, 舍其後, 且先, 則死矣. 夫兹(慈), 以單(戰)則朕(勝), 以守則固. 天將建之, 如以兹(慈)垣之. **[敦五]** 天下皆以我大, 不笑. 夫唯大,

故不笑. 若笑久, 其小. 我有三宝, 寶而持之. 一曰慈, 二曰儉, 三曰不敢
爲天下先. 夫慈, 故能勇, 儉, 故能廣, 不敢爲天下先, 故能成器長. 今赦
其慈且勇, 赦其儉且廣, 赦其後且先, 死矣. 夫慈, 以陳則政, 以守則固.
天將救之, 以慈衛之. **[道藏]** 天下皆謂我道大, 似不肖. 夫惟大, 故似不
肖. 若肖, 久矣其細也. 夫我有三寶, 保而持之. 一曰慈, 二曰儉, 三曰不
敢爲天下先. 夫慈, 故能勇. 儉, 故能廣. 不敢爲天下先, 故能成器長.
今舍其慈, 且勇. 舍其儉, 且廣. 舍其後, 且先. 死矣. 夫慈, 以戰則勝,
以守則固. 天將救之, 以慈衛之. **[傅校]** 天下皆謂吾大, 似不肖. 夫惟大,
故似不肖. 若肖, 久矣其細也. 夫吾有三寶, 持而寶之. 一曰慈, 二曰儉,
三曰不敢爲天下先. 夫慈, 故能勇. 儉, 故能廣. 不敢爲天下先, 故能成器
長. 今舍其慈, 且勇. 舍其儉, 且廣. 舍其後, 且先. 是謂入死門. 夫慈,
以陳則正, 以守則固. 天將救之, 以慈衛之.

73

勇於敢則殺, 勇於不敢則活. 此兩者, 或利或害. 天之所惡, 孰知其故. 天之道, 不戰而善勝, 不言而善應, 不召而自來, 繟然而善謀. 天網恢恢, 疏而不失.

모질게 무릅쓰고 나아가는 쪽으로 날쌔면 죽고, 구태여 모질게 무릅쓰고 나아가지 않는 쪽으로 날쌔면 산다. 이러한 두 가지 날쌤은 어느 것은 이롭고 어느 것은 해롭다. 하늘의 꺼리는 바를 뉘라서 그 까닭을 알리요? 天道는 싸우지 않아도 잘 이기고, 말하지 않아도 잘 받들어 따르며, 부르지 않아도 저절로 이르고, 아무런 조짐이 없어도 잘 꾀한다. 天網은 드넓어, 성기되 놓치지 않는다.

○ 勇於敢則殺, 勇於不敢則活. 此兩者, 或利或害.

[河上公] 勇於敢有爲, 則殺其身也. 勇於不敢有爲, 則活其身. [李約] 若勇敢於欲, 則天必殺之. 若於欲勇於不敢, 則天下必活之. [陳景元] 剛決爲勇, 鈴果爲敢, 夫剛毅之人, 無所畏忌, 見威不懼, 必果無回, 恃其兇

頑, 便施誅戮. 故曰勇於敢則殺. 夫懷道之士, 謹於去就, 檢身知退, 靜順柔和, 弗敢有爲, 不忍殺傷, 故曰勇於不敢則活. [朴世堂] 敢則不度安危, 不量禍福, 常進而不知退, 所以動趍於死. 不敢則察於安危, 謹於禍福, 退而不欲進, 所以能保其生. [蔣錫昌] 七十六章, "堅强者死之徒, 柔弱者生之徒." "敢"卽"堅强", "不敢"卽"柔弱". "勇於敢則殺, 勇於不敢則活.", 言勇於堅强則死, 勇於柔弱則生也. "此兩者或利或害", 言勇於柔弱則利, 勇於堅强則害, 其勇雖同, 然所得結果異也.

○ 天之所惡, 孰知其故.

[河上公] 惡有爲也. 誰能知天意之故不犯之也. [嚴遵] 天之所佑, 不敢殺也. 天之所損, 不敢與也. 天之所益, 不敢奪也. 敢於不敢者之敢, 動與天同符, 靜與地同極. 天心所惡, 莫之能辯. [王弼] 誰能知天下之所惡意故邪, 其唯聖人. [司馬光] 人知此而避殺就活, 是利也. 亦有知此而更速死者, 害也. 豈非天之惡人如此乎. 孰能知其意故哉. [李珥] 剛强者, 死之徒, 柔弱者, 生之徒, 是常理也. 或有時而反常, 强利弱害, 則天之所惡, 難曉其故, 聖人猶難言也. 雖然要其終, 則未始少失, 故下文歷陳之. [朴世堂] 夫天惡盈而益謙, 則其所惡, 常在於彼, 不在於此, 孰知其所以然之故哉. [蔣錫昌] "天之所惡, 孰知其故.", 言堅强何以必爲天之所惡, 世之人君有誰知其故而肯決然捨棄之邪? [高亨] "是以聖人猶難之"句, 嚴遵本、六朝寫本殘卷、「景龍碑」、「龍興觀碑」並無之. 此句乃後人引六十三章以注此文者, 宜據刪.

○ 不召而自來, 繟然而善謀.

[河上公] 繟, 寬也. 天道雖寬博, 善謀慮人事, 修善行惡, 各蒙其報. [王弼] 垂象而見吉兇, 先事而設誠, 安而不忘危, 未召而謀之, 故曰繟然而善謀也. [李約] 繟然至寬, 至於殺敢, 活不敢, 未嘗匱乏, 晝夜行度, 未始

差忒. 若然者, 如其中有善運籌之主也. **[陳景元]** 開元御本、河上公本并作譚然. 嚴君平今作默. 王弼本作坦. 夫天道寂默無情, 至公不二, 行吉者以吉祥報之, 行兇者以兇祥報之, 其於人倫生殺之威, 象緯行度之軌, 未嘗差忒, 豈非善能謀畫者也. **[李珥]** 溫公曰: "任物自然, 而物莫能違." 董氏曰: "天何言哉. 四時行焉, 其於福善禍淫之應, 信不差矣." 董氏曰: "神之格思, 本無向背, 如暑往則寒來, 夫豈召而後至哉." **[高亨]** 『廣雅·釋訓』: "繟繟, 緩也." 繟然猶繟繟耳.

○ 天網恢恢, 疏而不失.

[河上公] 天之羅網恢恢甚大, 雖則疏遠, 若司察人善惡, 無所失也. **[李約]** 雖網目至疏大, 而爲惡者不能脫免. **[陳景元]** 張自然之羅, 故曰天網. 縱太虛之寬, 故曰恢恢. 四達皇皇是謂練, 幽明難逃是謂不失也. **[李珥]** 董氏曰: "要終盡變然後, 知其雖廣大, 而微細不遺 也." **[朴世堂]** 網, 以言其包括群生也. 恢恢而疎, 不爭、不言、不召、坦然是也. 不失, 善勝、善應、自來、善謀是也. **[蔣錫昌]** 成疏, "恢恢, 寬大也." 此言天道賞善罰惡, 不失毫分也. 然則世之爲人君者, 可不知所懼乎.

異本

[馬甲] 勇於敢者◇◇, ◇於不敢者則栝(活). ◇◇◇◇, ◇◇◇◇. ◇◇◇◇, ◇◇◇◇. ◇◇◇, ◇◇◇◇◇, 不言而善應, 不召而自來, 彈(坦)而善謀. ◇◇◇◇, ◇◇◇◇. **[馬乙]** 勇於敢則殺, 勇於不敢則栝(活), ◇兩者或利或害. 天之所亞(惡), 孰知其故. 天之道, 不單(戰)而善朕(勝), 不言而善應, 弗召而自來, 單(坦)而善謀. 天罔(網)裎裎, 疏而不失. **[敦五]** 勇於敢則煞, 勇於不敢則活. 此兩者, 或利或害. 天之所惡(惡), 燅(孰)知其故. 天之道, 不爭而善勝, 不言而善應, 不召而自來, 不言而善謀. 天網恢恢, 疏而不失. **[道藏]** 勇於敢則殺, 勇於不敢則活. 此兩者,

或利或害. 天之所惡, 孰知其故. 是以聖人猶難之. 天之道, 不爭而善勝, 不言而善應, 不召而自來. 繟然而善謀. 天網恢恢, 疏而不失. **[傅校]** 勇於敢則殺, 勇於不敢則活. 此兩者, 或利或害. 天之所惡, 孰知其故. 是以聖人猶難之. 天之道, 不爭而善勝, 不言而善應, 不召而自來. 默然而善謀. 天網恢恢, 疏而不失.

제 4 편

沖 淡

충담

제4편은 노자 제4장을 첫머리로 삼아 이와 밀접한 관련을 보이는 여타의 장들을 차례로 뽑아 엮었다. 노자 제4장은 "沖"、"淵"、"湛" 등의 개념을 들어서 "道"의 감각적 표상을 '沖淡'으로 묘사하는 내용을 담았다. "道"를 형용하자면 그것은 아무것도 없이 텅 비어 있는 듯하고 아득히 깊을 뿐만 아니라 고요히 맑아서 마치 있는 듯하고 마치 없는 듯하다. 그러나 그 작용은 쓸수록 끝이 없이 다하지 않는다. "道"는 이보다 앞에 존재하는 바를 알 수 없는 만큼 아마도 造物主의 先祖쯤 되는 존재다. 노자 제27장、제35장、제41장、제45장、제56장、제58장、제62장 등은 노자 제4장의 내용과 밀접한 관련을 보인다. 구문을 적시하면 다음과 같다.

4.1. 道沖, 而用之或不盈. 淵兮似萬物之宗.

　　○ 善行無轍迹, 善言無瑕謫, 善數無籌策. (第27章)

　　○ 道之出言, 淡兮其無味. 視之不足見, 聽之不足聞, 而不可旣也. (第35章)

　　○ 大象無形, 道始無名. 夫唯道, 善始善成. (第41章)

　　○ 大成若缺, 其用不敝. 大盈若沖, 其用不窮. (第45章)

　　○ 道者, 萬物之奧, 善人之寶, 不善人之所保. (第62章)

4.2. 挫其銳, 解其紛, 和其光, 同其塵. 湛兮似或存. 吾不知其誰之子, 象帝之先.

　　○ 塞其兌, 閉其門, 和其光, 同其塵, 挫其銳, 解其紛. (第56章)

　　○ 聖人方而不割, 廉而不劌, 直而不肆, 光而不耀. (第58章)

04

經文

道沖, 而用之或不盈. 淵兮似萬物之宗. 挫其銳, 解其紛, 和其光, 同其塵. 湛兮似或存. 吾不知其誰之子, 象帝之先.

飜譯

道는 텅 비어 있지만 쓸수록 끝이 없이 다하지 않는다. 아득히 깊어서, 萬物의 宗祖인 듯하다. 銳氣를 꺾어 누르고, 紛亂을 풀어 흩뜨리며, 光耀를 감추어 어둑하게 누그러뜨리고, 塵埃와 더불어 하나가 된다. 고요히 맑아서 마치 있는 듯하고 마치 없는 듯하다. 나는 그것이 어디에서 낫는지 알지 못하니, 아마도 天帝의 先祖인 듯싶다.

集注

○ 道沖, 而用之或不盈.

[河上公] 沖, 中也. 道匿名藏譽, 其用在中. 或, 常也. 道常謙虛不盈滿. [嚴遵] 道以至虛, 故動能至沖, 德以至無, 故動而至和, 萬物得之莫有不通沖和者. 道德之用, 神明之常, 天地所遵, 陰陽所宗也. [朴世堂] 沖, 虛也. 道體本虛. 故用之常不盈. [蔣錫昌] "沖"當從傅本作"盅". 四十五章, "大盈若沖." 范應元云, "大滿若盅, 郭雲王弼同古本." 王本彼章作"盅", 則此章作"盅", 可推而知也. 他書作"沖", 則爲"盅"字之假, 說文, "盅,

器虛也." 古言盈沖, 亦言盈虛. [張松如] 俞樾『評議』, "『說文 · 皿部』, 盅,
器虛也. 『老子』曰, 道盅而用之. 盅訓虛, 與盈正相對, 作沖者, 假字也."
… 四十五章'大盈若沖, 其用不窮.' 然則'不盈'猶言'不窮'矣.

○ 淵兮似萬物之宗.

[河上公] 道淵深不可知也, 似爲萬物之宗祖. [李約] 淵然深靜, 不可測
知, 故似爲庶類之宗師. [司馬光] 深不可測, 常爲物主. [朴世堂] 萬物皆往
資焉而不匱, 故曰萬物之宗. [蔣錫昌] 老子以"無名"爲道, 萬物皆由"無
名"而始. 故一章云, "無名, 萬物之始." 十四章王注亦云, "無形無名者,
萬物之宗也." "淵兮, 似萬物之宗.", 所以形容道體之恍惚深遠, 以道爲
萬物之宗, 然又不可得而形名也.

○ 挫其銳, 解其紛.

[河上公] 銳, 進也. 人欲銳情進取功名, 當挫止之, 法道不自見也. 紛,
結恨也. 當念道無爲以解釋. [嚴遵] 有志而無銳, 有心而無思, 設無設之
設, 圖無圖之圖也. [司馬光] 鋒角猛露, 道所惡也. 事爲煩亂, 道所鄙也.
[朴世堂] 磨礱以去圭角, 恬靜以處膠擾. [蔣錫昌] "銳"、"紛"二字皆指欲
望而言. 蓋人欲之銳, 可起爭盜, 其紛可至亂心. 故"挫其銳, 解其紛",
卽前章"不尙賢, … 不貴難得之貨, … 不見可欲"之意, 皆聖人所以減少
人民之欲望. 此乃聖人取法乎道之沖也.

○ 和其光, 同其塵.

[河上公] 雖有獨見之明, 當如暗昧, 不當以曜亂人也. 當與衆庶同, 不
當自殊別. [司馬光] 輝華顯赫, 道所賤也. 汚辱卑下, 道所貴也. [朴世堂]
韜己之光, 受物之垢. [蔣錫昌] "和其光, 同其塵", 卽前章所謂"聖人之治,
… 常使民無知、無欲", 亦卽六十五章所謂"古之善爲道者, 非以明民,

將以愚之"也.

○ 湛兮似或存.

[王弼] 銳挫而無損, 紛解而不勞, 和光而不汚, 其體同塵而不渝其眞, 不亦湛兮似或存乎? **[李約]** 用無不同, 性無所雜. **[司馬光]** 湛然不動, 若有若亡. **[陳景元]** 應物則混於光塵, 歸根則湛然不染, 尋其妙本杳然而虛, 約其施爲昭然而實, 故曰湛兮似或存. **[朴世堂]** 湛, 虛靜之貌. 似若存, 言若有若無, 不可見也. **[蔣錫昌]** 『經傳釋詞』, "若, 猶或也." 此文"或存", 卽六章"若存." 四十一章, "道隱無名", 故曰, "湛". 聖人以道治國, 則道似若又可存諸人事, 故曰, "似或存."

○ 吾不知其誰之子, 象帝之先.

[河上公] 老子言, 我不知道所從生之矣. 道自在天帝之前, 此言道乃先天地生也. **[李約]** 但識其能, 莫知其父. 帝, 生物之主也, 群化皆處其後, 唯道能居其先. 象, 似也. 道性謙, 故不言定, 處其先而云似. **[朴世堂]** 象, 似也. 亦疑辭. 帝, 天也. 道在天地之先, 故曰象帝之先. **[蔣錫昌]** "吾"者, 老子自謂. "其"者, 指道而言. 廣雅釋言, "子, 似也." "帝"謂上帝. 吾不知其誰之似? 象帝之先. 二語自爲問答. 此言道不但爲萬物之始, 又爲上帝之祖先. 二十五章所謂"有物混成, 先天地生." 四十二章所謂"道生一, 一生二, 二生三, 三生萬物." 蓋道爲一切之祖也.

[馬甲] ◇◇◇◇◇◇◇盈也. 潚(淵)呵始(似)萬物之宗. 銼(挫)其◆, 解其紛, 和其光, 同◇◇. ◇◇◇或存. 吾不知◇子也, 象帝之先. **[馬乙]** 道沖, 而用之有(又)弗盈也. 淵呵佁(似)萬物之宗. 銼(挫)其兌(銳), 解其芬(紛), 和其光, 同其塵. 湛呵佁(似)或存. 吾不知其誰之子也, 象帝之先.

[敦五] 道冲, 而用之又不盈. 渕(淵)似萬物之宗. 挫其銳, 解其忿, 和其光, 同其塵, 湛似常存. 吾不知誰子, 象帝之先. **[道藏]** 道冲, 而用之或似不盈. 淵兮似萬物之宗. 挫其銳, 解其紛, 和其光, 同其塵. 湛兮似或存. 吾不知其誰之子, 象帝之先. **[傅校]** 道盅, 而用之又不滿. 淵兮似萬物之宗. 挫其銳, 解其紛, 和其光, 同其塵. 湛兮似或存. 吾不知誰之子, 象帝之先.

27

善行無轍迹, 善言無瑕謫, 善數無籌策. 善閉無關鍵而不可開, 善結無繩約而不可解. 是以聖人恒善救人而無棄人, 物無棄財. 是謂襲明. 善人, 不善人之師, 不善人, 善人之資. 不貴其師, 不愛其資. 雖智大迷, 是謂妙要.

제대로 잘 이루어진 行軍은 수레바퀴 굴러간 자취나 말발굽 지나간 자취를 남기지 않으며, 제대로 잘 이루어진 敎令은 아무런 허물이 없으며, 제대로 잘 이루어진 算數는 籌策을 쓰지 않는다. 제대로 잘 이루어진 잠금은 자물쇠가 없는데 도리어 열 수 없으며, 제대로 잘 이루어진 묶음은 매듭이 없는데 도리어 풀지 못한다. 이래서 聖人은 언제나 人民을 제대로 잘 救濟하되 抛棄하는 人民이 없고, 財用을 抛棄하는 物品이 없다. 이것을 곧 合自然의 聰明이라고 한다. 善한 사람은 善하지 못한 사람의 스승이고, 善하지 못한 사람은 善한 사람의 밑천이다. 聖人은 그 스승을 높이지 아니하고, 그 밑천을 아끼지 아니한다. 슬기로운 이라도 크게 어리둥절할 것이나, 이것을 곧 妙理의 要體라고 한다.

集注

○ 善行無轍迹, 善言無瑕謫, 善數無籌策.

[河上公] 善行道者, 求之於身, 不下堂, 不出門, 故無轍迹. 善言謂擇言
而出之, 則無瑕謫過於天下也. 善以道計事者, 則守一不移, 所計不多,
則不用籌策而知也. [王弼] 順自然而行, 不造不始, 故物得至而無轍跡也.
順物之性, 不別不析, 故無瑕謫可得其門也. 因物之數, 不假形也. [李珥]
從容中道, 而無跡可見, 發言爲法, 而無瑕可指, 不思而得, 汎應曲當,
此聖人之事也. [蔣錫昌] "徹"爲"轍"之借字. 說文, "轍, 迹也." 蓋"徹"爲
車跡, "跡"爲馬跡. 車跡者, 車輪輾地所留之跡, 馬跡者, 馬足奔馳所留
之跡. 二跡雖同, 而其所以爲跡則異. … "善行無徹跡", 言善行之人無
車徹馬跡, 以譬人君治國不貴有形之作爲, 而貴無形之因仍也.

○ 善閉無關籥而不可開, 善結無繩約而不可解.

[河上公] 善以道閉情欲守精神者, 不如門戶有關可得開也. 善以道結
事者, 乃結其心, 不如繩索可得解. [王弼] 因物自然, 不設不施, 故不用關
楗繩約, 而不可開解也. 此五者皆言不造不施, 因物之性, 不以形制物
也. [朴世堂] 轍迹、瑕謫、籌策、關鍵、繩約, 五者皆言有爲而有迹也.
無此則無爲而無迹矣. [蔣錫昌]『漢書‧司馬遷傳』注引晉灼曰, "老子曰,
'善閉者無關楗.' 嚴君平曰, '折關破楗, 使姦者自止.'" 是晉嚴所見本皆
作"楗", 與王本同.

○ 是以聖人恒善救人而無棄人, 物無棄財. 是謂襲明.

[河上公] 聖人所以常教人忠孝, 欲以救人性命. 使貴賤各得其所也. 聖
人所以順四時, 以救萬物之傷殘. 聖人不賤石而貴玉, 視之如一. [王弼]
聖人不立形名, 以檢於物, 不造進向以殊棄不肖, 輔萬物之自然而不爲

始, 故曰無棄人也. 不尙賢能, 則民不爭, 不貴難得之貨, 則民不爲盜, 不見可欲, 則民心不亂. 常使民心無欲無惑, 則無棄人矣. [陳景元] 密用曰襲, 聖人謂能行五善之聖人也. 夫聖人體合自然, 心冥至一, 故能芻狗萬物爲而不恃, 因人賢愚就之職分, 使人性全形完, 各得其用, 故無棄人. 又能隨其動植, 任其材器, 使方圓曲直不損天理. 至於瓦甓梯牌, 咸有所施, 故無棄物. [李珥] 有敎無類, 而人無不容, 物無不化, 以先知覺後知, 以先覺覺後覺. 故其明傳襲無窮也. [蔣錫昌] 四十九章, "聖人無常心, 以百姓心爲心. 善者吾善之, 不善者吾亦善之, 德善." 此卽聖人常善救人, 常善救物之法也. 六十二章, "人之不善, 何棄之有", 卽此所謂"無棄人, … 無棄物"也. 蓋聖人之要, 莫如以道自正, 其於人之善不善, 初不必分別之, 歧視之. 如此, 則善與不善, 皆化於道, 而同入於善矣. … 五十五章, "知常曰明", 是"明"卽"常"誼. "常"者, 卽一章所謂"常道"也. "是謂襲明", 言聖人能行上述之言, 是謂因順常道也.

○ 善人, 不善人之師, 不善人, 善人之資.

[河上公] 資, 用也. 人行不善, 猶敎導使爲善, 得以給用. [王弼] 擧善以師不善, 故謂之師矣. 資, 取也. 善人以善齊不善, (*不)以善棄不善也, 故不善人, 善人之所取也. [李約] 善人能以善與人也. 資, 給也. 不善人是善人可資之物者也. [陳景元] 善人者, 謂有道之士也. 經曰, 立天子, 置三公. 此將以敎不善之人也. 故曰, 善人, 不善人之師. 設有不善之人, 善人亦資取役, 使以漸化導之. 經曰, 善者, 吾善之. 不善者, 吾亦善之, 得善. 信者, 吾信之. 不信者, 吾亦信之, 得信. 此以德化攝伏不善人, 爲資給役用也. [李珥] 因其不善, 而敎之使善, 則我之仁愈大, 而施愈博矣, 此之謂善人之資也. 夫善者, 吾與之, 不善者, 吾敎之, 則天下歸吾仁矣. 民吾同胞, 物吾與也之義, 於此可見矣. [蔣錫昌] 二章, "天下皆知美之爲美, 斯惡已. 皆知善之爲善, 斯不善已." 蓋大道之行, 民固不知有善, 亦不知有

惡. 二十章所謂"泊兮其未兆, 如嬰兒之未孩"也. 及純樸散, 則善惡分.
善惡分, 則師資起. "故善人者, 不善人之師, 不善人者, 善人之資.", 言
善人爲不善人之師, 不善人爲善人之資也. 唐陸希聲『道德眞經傳』云,
"夫世之所貴者, 莫如師, 世之所愛者, 莫如資. 然而善人所以爲不善人
之師者, 正以不善人爲善人之資也. 苟無不善人爲之資, 則善人亦無以
爲其師矣." 此語較老意尤爲顯明.

○ 不貴其師, 不愛其資.

[李約] 皆至於道, 遂相忘也. 忘師資, 俗以爲迷, 道以爲妙也. [陳景元]
雖立師資, 復恐貴尙其師, 恰愛其資, 泥於陳跡, 不至遠達, 故再擧不貴
其師, 不愛其資也. [朴世堂] 孟子曰, 中也養不中, 才也養不才. 如中也棄
不中, 才也棄不才, 則賢不肖之相去其間, 不能以寸. 老子之意, 蓋猶此
也. [蔣錫昌] 不善人以善人爲師, 故世貴之, 善人以不善人爲資, 故世愛
之. 此皆大道下降之衰象. 若夫至治之世, 善惡泯絕, 師資且無, 貴愛何
有. "不貴其師, 不愛其資", 言聖人不貴其師, 不愛其資, 以聖人所重者,
在大道而不在師資也. 蓋大道之行, 則無師資, 首句所謂"善行無徹跡"
也.

○ 雖智大迷, 是謂妙要.

[王弼] 雖有其智, 自任其智不因物, 於其道必失, 故曰雖智大迷. [蔣錫
昌] 還淳反樸, 不貴師資, 此乃聖人善救人物之法也. 顧此法雖智, 而世
人則大惑不解, 此其所以終成爲精要玄妙之道也. … 本章言道貴崇本,
不貴救末. 崇本, 如善行無徹跡, 是也. 救末, 如貴其師, 愛其資, 是也.

異本

[馬甲] 善行者無黐(轍)迹, ◇言者無瑕適(讁), 善數者不以檮(籌)筭

(策). 善閉者無開(關)籥(關)而不可啟也, 善結者◇◇約而不可解也. 是以聲(聖)人恒善怵(救)人, 而無棄人, 物無棄財. 是胃(謂)悗明. 故善◇, ◇◇之師, 不善人, 善人之齎(資)也. 不貴其師, 不愛其齎(資). 唯(雖)知(智)乎大眯(迷), 是胃(謂)眇(妙)要. **[馬乙]** 善行者無達迹, 善言者無瑕適(謫), 善數者不用檮(籌)笐(策). 善閉者無關籥(關)而不可啟也. 善結者無纆約而不可解也. 是以耵(聖)人恒善怵(救)人, 而無棄人, 物無棄財. 是胃(謂)曳(悗)明. 故善人, 善人之師, 不善人, 善人之資也. 不貴其師, 不愛其資. 雖知(智)乎大迷, 是胃(謂)眇(妙)要. **[敦五]** 善行無徹(轍)迹, 善言無瑕適(謫), 善計不用籌竿(算). 善閇(閉)無開(關)楗不可開, 善結無繩約不可解. 是以聖人常善救人而無棄人, 常善救物而無棄物. 是謂襲明(明). 善人, 不善人之師, 不善人, 善人之資. 不貴其師, 不愛其資. 雖智大迷, 此謂要妙. **[道藏]** 善行無轍迹, 善言無瑕謫, 善計不用籌策. 善閉無關楗而不可開, 善結無繩約而不可解. 是以聖人常善救人, 故無棄人, 常善救物, 故無棄物. 是謂襲明. 故善人, 不善人之師, 不善人, 善人之資. 不貴其師, 不愛其資. 雖智大迷, 是謂要妙. **[傅校]** 善行者無徹迹, 善言者無瑕謫, 善數者無籌策. 善閉者無關鍵而不可開, 善結者無繩約而不可解. 是以聖人常善救人, 故人無棄人. 常善救物, 故物無棄物. 是謂襲明. 故善人者, 不善人之師. 不善人者, 善人之資. 不貴其師, 不愛其資. 雖知大迷, 此謂要妙.

35

執大象, 天下往. 往而不害, 安平大. 樂與餌, 過客止. 故
道之出言, 淡兮其無味. 視之不足見, 聽之不足聞, 而不可
旣也.

大象의 道를 붙잡아 지키면 天下가 모두 歸附할 것이다. 歸附하되
有爲로 말미암아 다치게 하지 아니하면 太平할 것이다. 音樂과 飮食
은 過客이 머문다. 大象의 道에서 나온 敎令은 싱거워 아무 맛도 나지
않는다. 보려고 해도 볼 만하지 못하고, 들으려고 해도 들을 만하지 못
하나, 마침내 끝이 나도록 다하게 하지 못한다.

○ 執大象, 天下往.

[河上公] 執, 守也. 象, 道也. 聖人守大道, 則天下萬民移心歸往也. 治
身, 則天降神明, 往來於己. [李約] 大象, 道也. 未有一物不因道而爲形
象, 若執此道以臨天下, 民無不歸往也. [陳景元] 大象, 大法也. 八卦九疇
之謂也. 太古之君, 天下無爲也, 天德而已矣. [朴世堂] 能執守此道, 則天
下歸之, 所謂侯王若能守, 萬物將自賓也. [蔣錫昌] "大象"卽指大道而言.

蓋以道有法象, 可爲人君之法則, 故謂大道爲"大象"也. 四十一章, "大象無形", 言大道無形也. "執大象, 天下往.", 謂聖人守大道, 則天下萬民歸往也.

○ 往而不害, 安平大.

[河上公] 萬物歸往而不傷害, 則國家安寧而致太平矣. 治身不害神明, 則身體安而大壽. [朴世堂] 天下旣歸, 又能不以有爲害之, 則可以安平泰矣. [蔣錫昌] 六十六章, "是以聖人處上而民不重, 處前而民不害.", 是此文"不害"乃萬民不害聖人之誼. 『經傳釋詞』, "安, 猶於是也, 乃也, 則也." "往而不害, 安平太.", 言萬民歸往聖人而莫有害之, 於是聖人平泰不殆也.

○ 樂與餌, 過客止.

[河上公] 餌, 美也. 過客, 一也. 人能樂美於道, 則一居止也. 一者去盈而虛, 忽處如過客. [李約] 樂, 音樂也. 餌, 飮食也. 夫音樂飮食, 人之所欲, 豈有過之而不留止者乎. [司馬光] 衆人凝滯於物. [朴世堂] 聲音之悅耳, 肥甘之適口, 能使過客得之而留者, 以其聲臭之足以動人也. [蔣錫昌] 十二章, "五音令人耳聾, 五味令人口爽." "樂"卽"五音", "餌"卽"五味". 此言五音與五味, 雖使過客止而貪之, 然其結果必至耳聾口爽, 故終不若守道之可以久也. 此誼須與十二章及下文合看, 方能全明.

○ 故道之出言, 淡兮其無味.

[河上公] 道止出入於口淡然, 非如五味, 有酸咸甘苦辛. [李約] 過客所以留止者, 以其有閱目實腹之物也. 此大象之道, 將出於口, 以告於人, 則淡之其無可味, 如何使人慕之. [陳景元] 若夫道之出口, 淡然無味, 所謂信言不美也. [蔣錫昌] "道之出言, 淡分其無味.", 言道言無味, 故不能

如樂與餌之可以感悅一般俗人之心也.

○ 視之不足見，聽之不足聞，而不可旣也.

[河上公] 道無形, 非若五色有靑黃赤白黑, 可得見也. 道非若五音, 有宮商角徵羽, 可得而聞也. 旣, 盡也. 謂用道治國, 則國富民昌, 治身則壽命延長, 無有旣盡之時也. [李約] 旣, 盡也. 雖視聽不足得其形聲, 必能用之, 亦無窮盡. [陳景元] 夫法象有爲, 屬於紙聽則窮矣. 自然無爲, 而聲色莫能究也. 故曰視之不見, 聽之不聞, 自古及今, 其名不去. 百姓日用而不知此, 用之不可旣也.

異本

[郭店] 執大象, 天下往. 往而不害, 安平太. 樂與餌, 過客止. 故道之出言, 淡呵其無味也. 視之不足見, 聽之不足聞, 而不可旣也. [馬甲] 執大象, ◇◇往. 往而不害, 安平大. 樂與餌, 過格止. 故道之出言也, 曰談呵其無味也. ◇◇不足見也. 聽之不足聞也, 用之不可旣也. [馬乙] 執大象, 天下往. 往而不害, 安平大. 樂與◇, 過格止. 故道之出言也, 曰淡呵其無味也. 視之不足見也, 聽之不足聞也, 用之不可旣也. [敦五] 執大象, 天下往. 往不害(害), 安平太. 樂與餌, 過客止. 道出言, 淡無味. 視不足見, 聽不足聞, 用不可旣. [道藏] 執大象, 天下往. 往而不害, 安平太. 樂與餌, 過客止. 道之出口, 淡乎其無味. 視之不足見, 聽之不足聞, 用之不可旣. [傅校] 執大象者, 天下往. 往而不害, 安平泰. 樂與餌, 過客止. 道之出言, 淡兮其無味. 視之不足見, 聽之不足聞, 用之不可旣.

41

經文

上士聞道, 僅能行之. 中士聞道, 若存若亡. 下士聞道, 大
笑之. 不笑, 不足以爲道. 是以建言有之. 明道若昧, 進道若
退, 夷道若類. 上德若谷, 大白若辱, 廣德若不足. 建德若
偸, 質眞若渝, 大方無隅. 大器晩成, 大音希聲. 大象無形,
道始無名. 夫唯道, 善始善成.

解譯

上士가 道를 들으면 겨우 그것을 實行할 수 있다. 中士가 道를 들으
면 들은 듯하기도 하고 듣지 않은 듯하기도 하다. 下士가 道를 들으면
크게 그것을 비웃는다. 비웃지 않으면 道라고 할 수 없다. 이래서 옛말
에 이렇게 이른다. '光明한 道는 어둑해 보이고, 前進하는 道는 물러나
는 듯하고, 平坦한 道는 비탈져 보인다. 崇高한 德은 깊도록 꺼져서 낮
아 보이고, 참으로 흰 것은 더러워 보이고, 廣大한 德은 아무래도 모자
라 보인다. 陰德을 建立하는 사람은 얄팍하여 이루지 못하는 듯하고,
質朴한 사람은 누추한 듯하고, 참으로 네모진 것은 모서리가 없어 보
인다. 더할 나위 없이 큰 그릇은 더디게 만들어지고, 더할 나위 없이 큰
소리는 희미해 들리지 않는다.' 大象은 無形이고, 道의 始初는 無名이

다. 오로지 道라야 제대로 비롯하게 하고 제대로 이루어지게 한다.

集注

○ 上士聞道, 僅能行之. 中士聞道, 若存若亡. 下士聞道, 大笑之.

[河上公] 上士聞道, 自勤苦, 竭力行之也. 中士聞道, 治身以長存, 治國以太平, 欣然而存之. 退見財色榮譽, 惑於情欲, 而復亡之矣. 下士貪狠多欲, 見道柔弱, 謂之恐懼. 見道質樸, 謂之鄙陋. 故大笑之矣. [李約] 聞之而悟, 遂勤行而反本. 聞之而疑, 猶可敎也, 使知道也. 聞之而惑, 故大笑, 則不可使白方也. 道爲下士入耳之音, 則不足爲貴. [司馬光] 非常之道, 固非常人所知. [陳景元] 下士知著而不知微, 止乎形內, 故聞道則大笑之, 不唯笑之, 且將非之矣. [李珥] 上士聞道, 篤信不疑, 中士, 疑信相半, 下士, 茫然不曉, 反加非笑, 若合於下士所見, 則豈聖人之道哉. [朴世堂] 不爲下士所笑, 則不足以見道之尊, 猶所謂不容然後見君子者也. [蔣錫昌] "上士"卽上等之君也. … "中士", 中等之君, "下士", 下等之君也. 此言中等之君聞道, 若存若亡, 下等之君聞道, 則迂而笑之也. 七十章, "吾言甚易知, 甚易行, 天下莫能知, 莫能行." 此語亦正爲"中士"、"下士"而言也.

○ 是以建言有之.

[河上公] 建, 設也. 設言以有道當如下句也. [嚴遵] 聖人建言曰有之. 有之者, 言道之難知, 推柄自然之歸, 以統萬方之指者. 能有之, 非庸庸者之所能聞也. [李約] 建, 立也. 立言明中下二士疑其大笑之由. [司馬光] 古之立言. [陳景元] 建, 立也. 將立道行之言, 明三士所見之差, 被笑之狀, 謂下文也. [李珥] 建言, 古之所立言也. [朴世堂] 建言有之, 言古之立言者有此言, 下文是也. [蔣錫昌] "建言"非古載籍名, 謂古之立言者. 老子引古立言者語, 十四章所謂"執古之道"也.

○ **明道若昧, 進道若退, 夷道若纇.**

[河上公] 夷, 平也. 大道之人不自殊別, 若多比類. [王弼] 纇, 坳也. 大夷之道, 因物之性, 不執平以割物, 其平不見, 乃更反若纇坳也. [李約] 纇, 絲之不勻者. 履平而若險. [司馬光] 類, 絲節也. [陳景元] 夷, 平也. 纇, 絲之不勻者, 乃織者之所棄也. 夫上士襟懷坦夷平一, 與物無際支離其德, 若絲之有纇, 不爲世用也. [李珥] 明道者, 若無所見, 進道者, 退然若不能行. [蔣錫昌] "明道若昧"者, 以昧爲明也. "進道若退"者, 以退爲進也. "夷道若纇"者, 以不平爲平也. [高亨] 『說文』: "纇, 絲節也." 引申則爲不平之義. [張松如] 纇、類古通, 『左傳』昭二十八年, 『釋文』: "纇又作類, 立對切, 服作類." 是纇類并有不平誼.

○ **上德若谷, 大白若辱, 廣德若不足.**

[河上公] 上德之人, 若深谷不恥垢濁也. 大潔白之人, 若汚辱, 不自彰顯. 德行廣大之人, 若頑愚不足. [王弼] 不德其德, 無所懷也. 知其白, 守其黑, 大白然後乃得. 廣德不盈, 廓然無形, 不可滿也. [李珥] 德之高者, 自謙如谷之虛, 潔白之至者, 自處如有玷汚也. [朴世堂] 上德若谷, 實而能虛. 大白若辱, 潔而能汚. 廣德若不足, 大而能小. [蔣錫昌] 二十八章, "爲天下谷", 三十九章, "谷得一以盈", "谷"字用法均與此同. "谷"者, 虛空卑下, 爲水所歸, 故老子用以比道. "上德若谷", 言上德之人, 虛空卑下, 一若谷也. 十五章, "古之善爲士者, … 曠今其若谷."誼與此同. … 二十八章, "常德乃足", 三十章, "上德不德", 六十五章, "常知楷式, 是謂玄德", "廣德"並與"常德"、"上德"、"玄德"誼同. "不足"卽謙下卑弱之義, 此言廣德之人, 謙下卑弱, 若不足也. [高亨] "大白若辱", 此句疑當在"大方無隅"句上, 用德字諸句相依, 其證一也. 用大字諸句相依, 其證二也. [張松如] "明道"、"進道"、"夷道"與"上德"、"廣德"、"建德", 各爲三句連讀, 且"若辱"上韻"若渝", 又"大白"下接"大方"、

"大器"、"大音"、"大象"諸句, 讀起來就順當多了.

○ **建德若偸, 質眞若渝, 大方無隅.**

[河上公] 建設道德之人, 若可偸引, 使空虛也. 質樸之人, 若五色有渝淺不明. 大方正之人, 無委曲廉隅. [王弼] 偸, 匹也. 建德者, 因物自然, 不立不施, 故若偸匹. 質眞者, 不矜其眞, 故渝. 方而不割, 故無隅也. [陳景元] 夫建立陰德之人, 不顯其功, 畏人之知, 故若偸竊耳. 吳筠『元綱論』曰：功欲陰, 過欲陽, 功陰則能全, 過陽則易改, 此之謂也. 渝, 變也, 色不明也. 質眞者, 純素之士動無文章, 如五色之渝淺, 光華不發也. [朴世堂] 建德若偸, 剛健而似乎偸惰. 質眞若渝, 純實而似乎渝化. 大方無隅, 方而不割. [蔣錫昌] 廣博二本均作"媮", 是亦爲"偸"當作"愉"之證. 說文, "愉, 薄也." "建德若偸", 言立德之人若薄而不立也. 此句與上句詞異誼同. … 此文"大方"及下文"大器"、"大音"皆所以喩大道之不可以形體求也. [高亨] 劉師培曰, "上文言'廣德若不足. 建德若偸', 此與並文, 疑眞亦當作德, 蓋德字正文作悳, 與眞相似也. 質德與廣德、建德一律." 亨按, 劉說是也. 蓋『老子』原書德字悉作悳, 後人改作德. 此句誤作眞或直, 不然, 亦必被改作德矣.

○ **大器晚成, 大音希聲. 大象無形, 道始無名.**

[河上公] 大法象之人, 質樸無形容. 道潛隱伏, 人無能指名. [王弼] 有形則有分, 有分者不溫則炎, 不炎則寒, 故象而形者, 非大象. [李約] 自建言已下, 皆是大道隱於無名也, 故上士洞悟而勤行, 中士疑而進退, 下士惑而大笑, 識此之由. [陳景元] 道本無名, 而强名曰道. 今道又隱焉. 而名何有此, 眞所謂滅跡匿端也. [李珥] 積之久, 然後發之洪, 故大器不速成. 希者, 聽之不聞也. 道本無聲無臭, 而體物不遺, 强名之曰道, 其實無名也. 體用一源, 顯微無間之玅, 豈中下士之所能聽瑩哉. [朴世堂] 有形,

然後有名. 道則無形, 故曰, 道隱無名.

○ 夫唯道, 善始善成.

[河上公] 成, 就也. 言道善稟貸人精氣, 且成就之. [司馬光] 物賴以成而不能有, 故謂之貸. [陳景元] 貸, 施與也. 夫嘆美獨有此妙道, 能神鬼神帝, 生天生地, 善以沖和妙氣施與萬物, 且成實而復於自然也. [朴世堂] 推己而與之曰, 貸. 聖人不積以與人, 是善貸也. 因彼而就之曰, 成. 道成之熟之, 是善成也. [張松如] 于省吾『新証』曰, "按燉煌本'貸'作'始', 當從之. '始'從台聲, 與'貸'聲近, 且'貸'、'始'并之部字." … 貸與始聲近, 善利與善生, 意亦相通.

異本

[郭店] 上士聞道, 僅能行之. 中士聞道, 若存若亡. 下士聞道, 大笑之. 弗大笑, 不足以爲道矣. 是以建言有之. 明道如孛, 夷道如類, 進道如退. 上德如谷, 大白如辱, 廣德如不足, 建德如偸, 質貞如渝. 大方無隅, 大器曼成, 大音祇聖. 天象亡㤼, 道始亡名. 善始善成. [馬甲] ◇◇◇◇, ◇◇◇◇. ◇◇◇◇, ◇◇◇◇. ◇◇◇◇, ◇◇◇◇. ◇◇, ◇◇◇◇◇. ◇◇◇◇◇◇, ◇◇◇◇◇, ◇◇◇◇. ◇◇◇◇, ◇◇◇◇. ◇◇◇◇, ◇◇◇◇. ◇◇◇◇, ◇◇◇◇. ◇◇◇◇, ◇◇◇◇. ◇◇道, 善◇◇◇◇. [馬乙] 上◇◇道, 堇(勤)能行之. 中士聞道, 若存若亡. 下士聞道, 大笑之. 弗笑, ◇◇以爲道. 是以建言有之曰, 明道如費, 進道如退, 夷道如類. 上德如浴(谷), 大白如辱, 廣德如不足, 建德如◇, 質◇◇◇. 大方無禺(隅), 大器免(晩)成, 大音希聲. 天(大)象無刑(形), 道褒無名. 夫唯道, 善始且善成. [敦五] 上士聞道, 懃能行. 中士聞道, 若存若亡. 下士聞道, 大唉(笑)之. 不唉(笑)不足以爲道. 是以建言有之. 明道若昧, 進道若退, 夷道若類. 上德若俗, 大白若辱, 廣德若

不足, 建德若偸, 質眞若渝. 大方无隅, 大器晚成, 大音希聲. 大象无形, 道隱无名. 夫唯道, 善貸且成. **[道藏]** 上士聞道, 勤而行之. 中士聞道, 若存若亡. 下士聞道, 大笑之. 不笑, 不足以爲道. 建言有之. 明道若昧, 進道若退, 夷道若類. 上德若谷, 大白若辱, 廣德若不足, 建德若偸, 質眞若渝. 大方無隅, 大器晚成, 大音希聲. 大象無形, 道隱無名. 夫唯道, 善貸且成. **[傅校]** 上士聞道, 而勤行之. 中士聞道, 若存若亡. 下士聞道, 而大笑之. 不笑, 不足以爲道. 故建言有之曰, 明道若昧, 夷道若類, 進道若退. 上德若谷, 大白若纇, 廣德若不足, 建德若婾, 質眞若輸. 大方無隅, 大器晚成, 大音稀聲. 大象無形, 道隱無名. 夫惟道, 善貸且成.

45

經文

大成若缺, 其用不敝. 大盈若沖, 其用不窮. 大直若屈, 大巧若拙, 大辯若訥. 躁勝寒, 靜勝熱. 淸靜爲天下正.

飜譯

참으로 다 이루어진 것은 이지러진 듯하나, 그것의 쓰임은 닳아 없어지지 않는다. 참으로 가득 찬 것은 텅 빈 듯하나, 그것의 쓰임은 그쳐 다하지 않는다. 참으로 곧은 것은 구부러진 듯하고, 참으로 좋은 솜씨는 서투른 듯하고, 참으로 말을 잘하는 사람은 더듬는 듯하다. 躁擾는 冷寒을 이기되, 淸靜은 暑熱을 이긴다. 淸靜이라야 天下의 中正을 이룬다.

集注

○ 大成若缺, 其用不敝. 大盈若沖, 其用不窮.

[河上公] 若缺者, 滅名藏譽, 如毀缺不備. 其用心如此, 則無弊盡之時. … 如沖者, 貴不敢驕, 富不敢奢. 其用心如此, 則無窮盡時. [王弼] 隨物而成, 不爲一象, 故若缺也. 大盈充足, 隨物而興, 無所愛矜, 故若沖也. [司馬光] 物成必毀, 盈必溢, 理之常也. 有道者雖成若缺, 雖盈若沖, 故不弊不窮. [李珥] 董氏曰: "敝, 敗壞也. 體至道之大全, 而盛德若不足, 故其

用愈久, 而愈新也." 道備於己, 而謙若沖虛, 故積愈厚, 而用愈不窮. 董氏曰: "此兼用而言." 愚按, 中間二句, 言其用, 上下則皆略文也. [朴世堂] 大成若缺, 天地是也. 四時迭運, 不見其停缺, 而不敝也. 大盈若沖, 江海是也. 百川爭輸, 不見其溢沖, 而不窮也.

○ 大直若屈, 大巧若拙, 大辯若訥.

[河上公] 大直謂修道法度正直如一也. 如屈者, 不與俗人爭, 如可屈折也. 大巧謂多才術也. 如拙者, 亦不敢見其能. 大辯者, 智無疑. 如訥者, 口無辭. [王弼] 隨物而直, 直不在一, 故若屈也. 大巧因自然以成器, 不造爲異端, 故若拙也. 大辯因物而言, 己無所造, 故若訥也. [李珥] 與物無競, 故其直若屈, 曲當而無跡, 故其巧若拙. 不事乎辯, 而發必當理者, 謂之大辯. 吉人辭寡, 故其辯若訥. [朴世堂] 大直若屈, 枉則能直. 大巧若拙, 無爲之益. 大辯若訥, 不言之敎. 五者皆言虛靜之體. [蔣錫昌] 此二句與上句詞異誼同. 皆仍設喻以明聖人虛無淸靜之用也.

○ 躁勝寒, 靜勝熱. 淸靜爲天下正.

[河上公] 勝, 極也. 春夏, 陽氣躁疾於上, 萬物盛大. 極則寒, 寒則零落散亡也, 言人不當剛躁也. 秋冬, 萬物靜於黃泉之下. 極則熱, 熱者生之源也. 能淸能靜, 則爲天下之長, 持正則無終已時也. [王弼] 靜則全物之眞, 躁則犯物之性, 故唯淸靜乃得如上諸大也. [李約] 物極則反, 故夏至則一陰生乎其中矣. 否極則泰, 故冬至則一陽生乎其中矣. 正者, 躁靜之中, 則二月八月也. 故大成以下至於大辯, 皆適躁靜之中, 得天下之正者也. [司馬光] 躁勝寒, 動作. 靜勝熱, 無爲. 淸靜爲天下正, 虛靜以觀萬物. [李珥] 董氏曰: "動屬陽, 靜屬陰. 故躁勝寒, 靜勝熱, 皆未免於一偏也. 淸靜者, 動靜一致, 故爲天下正." 愚按, 淸靜者, 泊然無外誘之累, 而動靜皆定者也. [蔣錫昌] 此文疑作"靜勝躁, 寒勝熱." 二十六章, "靜爲躁

君." "靜"、"躁"對言, 其證一也. 六十章王注, "躁則多害, 靜則全眞.", 六十一章王注"雄躁動貪欲, 雌常以靜, 故能勝雄也.", 七十二章王注"離其淸淨, 行其躁欲.", 皆"靜"、"躁"對言, 其證二也. 管子心術上, "躁者不靜", 淮南主術, "人主靜漠而不躁", 亦"靜"、"躁"對言, 其證三也. 廣雅釋詁三, "躁, 擾也." 一切經音義十四引國語賈注, "躁, 擾也, 亦動也." 是"躁"乃擾動之義, 正與"靜"字相反. "靜勝躁, 寒勝熱.", 言靜可勝動, 寒可勝熱也. 二句詞異誼同, 皆所以喻淸靜無爲勝於擾動有爲也.

異本

[郭店] 大成若缺, 其用不敝. 大盈若盅, 其用不窮. 大巧若拙, 大呈若詘, 大直若屈. 躁勝寒, 靜勝熱, 淸靜爲天下正. [馬甲] 大成若缺, 其用不幣(敝). 大盈若盅(沖), 其用不窮(窘). 大直如詘(屈), 大巧如拙, 大贏如炳. 趮(躁)勝寒, 靚(靜)勝炅(熱). 請(淸)靚(靜), 可以爲天下正. [馬乙] ◇◇◇◇, ◇◇◇◇. ◇盈如沖, 其◇◇◇. ◇◇◇◇, ◇◇◇◇, ◇巧如拙, ◇◇◇絀, 趮(躁)朕(勝)寒, ◇◇◇. ◇◇◇, ◇◇◇◇◇. [敦五] 大成若缺, 其用不弊. 大滿若沖, 其用不窮. 大直若屈, 大巧若拙, 大辨若訥. 躁勝寒, 靜勝熱, 淸靜爲天下政. [道藏] 大成若缺, 其用不敝, 大盈若沖, 其用不窮. 大直若屈, 大巧若拙, 大辯若訥. 躁勝寒, 靜則熱, 淸靜爲天下正. [傅校] 大成若缺, 其用不敝. 大滿若盅, 其用不窮. 大直若詘, 大巧若拙, 大辯若訥. 躁勝寒, 靖勝熱, 知淸靖以爲天下正.

56

經文

知之者不言, 言之者不知. 塞其兌, 閉其門, 和其光, 同其塵, 挫其銳, 解其紛. 是謂玄同. 故不可得而親, 亦不可得而疏, 不可得而利, 亦不可得而害, 不可得而貴, 亦不可得而賤. 故爲天下貴.

飜譯

道를 아는 君王은 敎令을 베풀지 않으니, 敎令을 베푸는 君王은 道를 알지 못한다. 穴竅를 막아 끊고, 門戶를 닫아 잠그며, 光耀를 감추어 어둑하게 누그러뜨리고, 塵埃와 더불어 하나가 되며, 銳氣를 꺾어 누르고, 紛亂을 풀어 흩뜨린다. 이것을 곧 自然의 道와 하나가 된 玄同이라고 한다. 玄同에 이른 君王은 가까이할 수 없고 또한 멀리할 수 없으며, 이롭게 할 수 없고 또한 해롭게 할 수 없으며, 尊貴하게 할 수 없고 또한 卑賤하게 할 수 없다. 그래서 天下가 모두 貴重하게 여긴다.

集注

○ 知之者不言, 言之者不知.

[河上公] 知者貴於行道, 不貴於言. 多言多患, 駟不及舌. [嚴遵] 無狀之

狀, 可視而不可見也. 無象之象, 可效而不可宣也. 無爲之爲, 可則而不可陳也. 無用之用, 可行而不可傳也. [王弼] 知者不言, 因自然也. 言者不知, 造事端也. [李約] 忘言者, 知之盛也. 未知, 故滯言也. [陳景元] 夫知道者以心而不以辯, 貴行而不貴言, 談道者以辯而不以心, 喪道而不喪說. [李珥] 知道者, 黙而識之, 有知輒言, 非知道者也. [蔣錫昌] 二章, "行不言之教", 五章, "多言數窮, 不如守中", 四十三章, "不言之教, 無爲之益, 天下希及之", 是"言"乃政教號令, 非言語之意也. "知者", 謂知道之君, "不言", 謂行不言之教, 無爲之政也. 王注, "因自然也." 知道之君, 行不言之教, 無爲之政, 是因自然也. "言者", 謂行多言有爲之君, "不知", 謂不知道也. 王注, "造事端也." 行多言之教, 有爲之政, 則天下自此紛亂, 是造事端也. 下文皆申言"不言"之旨.

○ 塞其兌, 閉其門, 和其光, 同其塵, 挫其銳, 解其紛. 是謂玄同.

[河上公] 塞閉之者, 欲絕其源. 情欲有所銳爲者, 當念道無爲以挫止之. 紛, 結恨不休也. 當念道之淡薄以解釋. 雖有獨見之明, 當和之使暗昧, 不使曜亂. 不當自殊別也. 玄, 天也. 人能行此上事, 是謂與天同道. [同馬光] 玄者極深, 固者無外. [李珥] 兌, 說也. 塞其兌者, 防窒意慾也. 門, 口也. 閉其門者, 淵黙自守也. 銳, 英氣也. 挫其銳者, 磨礱英氣, 使無圭角也. 紛, 衆理之肯綮也. 解其紛者, 明察肯綮, 迎刃而解也. 和光同塵者, 含蓄德美於中, 而不自耀立異於衆也. 玄, 妙也. 既不隨俗習非, 而又非離世絕俗, 故曰玄同. [朴世堂] 多言數窮, 不如大辯之若訥. 故欲其塞兌、閉門、挫銳、解紛、和光、同塵, 持玄默而守清靜, 和於衆而無所爭也. 玄同者, 言其深穆而不崖異也. [蔣錫昌] "玄"卽道, 亦卽無名. "玄同"卽無名之同, 猶云同於道也. 此言能塞兌、閉門、挫銳、解紛、和光、同塵, 是謂同於道也.

○ 故不可得而親，亦不可得而疏，不可得而利，亦不可得而害，不可得而貴，亦不可得而賤. 故爲天下貴.

[河上公] 不爲亂世主, 不處暗君位. 不以乘權而驕, 不以失志爲屈. 其德如此, 天子不得臣, 諸侯不得屈, 與世浮沉, 容身避害, 故爲天下之貴. [李珥] 君子周而不比, 和而不同, 出處合義, 動靜隨時, 豈世人之私情, 所能親疎利害貴賤者哉. 其所以然者, 以通乎道, 而無欲故也. 爲天下貴者, 是天爵之良貴也. [朴世堂] 不押則不親, 不叛則不疏, 不貪財則無所利之, 不求勝則無所害之. 無患得之心, 則寵祿輕而難以貴, 無患失之心, 則恥辱遠而難以賤. 故能和而不流, 獨立而爲天下貴. [蔣錫昌] 此言聖人治國, 淸靜無爲, 無形可名, 無兆可擧, 故民不可得而親, 不可得而疏, 不可得而利, 不可得而害, 不可得而貴, 不可得而賤, 故爲天下貴也. [高亨] 故爲天下貴當作故爲天下貞, 貞、貴形近, 且涉上文而譌. 三十九章曰: "侯王無以貞貴." 王本貞誤作貴. 卽其例證. 三十九章曰: "侯王得一以爲天下貞." 此句正與彼同.

異本

[郭店] 知之者弗言, 言之者弗知. 閉其兌, 塞其門, 和其廣, 同其塵, 畜其銳, 解其紛, 是謂玄同. 故不可得而親, 亦不可得而疏, 不可得而利, 亦不可得而害, 不可得而貴, 亦不可得而賤. 故爲天下貴. [馬甲] ◇◇弗言, 言者弗知. 塞其悶, 閉其◇, ◇其光, 同其塦(塵), 坐(挫)其閱(銳), 解其紛, 是胃(謂)玄同. 故不可得而親, 亦不可得而疏, 不可得而利, 亦不可得而害, 不可◇而貴, 亦不可得而淺(賤). 故爲天下貴. [馬乙] 知者弗言, 言者弗知. 塞其垸, 閉其門, 和其光, 同其塵, 銼(挫)其兌(銳)而解其紛. 是胃(謂)玄同. 故不可得而親也, 亦◇◇得而◇, ◇◇得而利, ◇◇◇得而害, 不可得而貴, 亦不可得而賤. 故爲天下貴. [敦五] 知者不言, 言者不知. 塞其兌, 閉其門, 挫其銳, 解其忿, 和其光, 同其塵, 是謂玄同.

故不可得親, 不可得疏, 不可得利, 不可得害, 不可得貴, 不可得賤. 故爲天下貴. [道藏] 知者不言, 言者不知. 塞其兌, 閉其門, 挫其銳, 解其紛, 和其光, 同其塵, 是謂玄同. 故不可得而親, 亦不可得而疏, 不可得而利, 亦不可得而害, 不可得而貴, 亦不可得而賤. 故爲天下貴. [傅校] 知者不言也, 言者不知也. 塞其兌, 閉其門, 挫其銳, 解其紛, 和其光, 同其塵, 是謂玄同. 不可得而親, 亦不可得而疏. 不可得而利, 亦不可得而害. 不可得而貴, 亦不可得而賤. 故爲天下貴.

58

經文

其政悶悶, 其民醇醇, 其政察察, 其民缺缺. 禍, 福之所倚. 福, 禍之所伏. 孰知其極. 其無正也, 正復爲奇, 善復爲祅. 人之迷也, 其日固久矣. 是以聖人方而不割, 廉而不劌, 直而不肆, 光而不耀.

飜譯

國家의 政治가 어리숙하면 그 人民이 醇樸해지고, 國家의 政治가 뚜렷이 밝으면 그 人民이 疏薄해진다. 禍는 福이 倚持하는 것이요, 福은 禍가 潛伏하는 것이다. 뉘라서 그 原因의 窮極을 알리오? 正常의 準則이 없는 까닭이니, 正常이 다시 非常이 되고, 善良이 다시 妖邪가 된다. 人民의 迷惑된 나날이 참으로 오래되었다. 이래서 聖人은 方正하되 割斷하지 않고, 淸廉하되 刺傷하지 않으며, 正直하되 放肆하지 않고, 光明하되 炫耀하지 않는다.

集注

○ 其政悶悶, 其民醇醇, 其政察察, 其民缺缺.

[河上公] 其政弘大, 悶悶昧昧, 似若不明. 政敎弘大, 故民醇醇富厚,

相親睦也. 其政敎疾隱, 言決於口, 聽決於耳也. 政敎煩疾, 民不聊生, 故缺缺日以疏薄. [王弼] 善治政者, 無形無名, 無事無正可舉, 悶悶然卒至於大治, 故曰其政悶悶也. 其民無所爭競, 寬大淳淳, 故曰其民淳淳也. 立刑名, 明賞罰, 以檢奸僞, 故曰其政察察也. 殊類分析, 民奸爭競, 故曰其民缺缺. [李約] 君政嚴而民無所措其手足. 動則觸綱, 故畏而避之, 由是日益凋殘. [李珥] 悶悶, 寬仁不察之象也. 董氏曰, 爲政以德, 則不察察於齊民, 以俗觀之, 若不事於事. 然民實感自然之化, 乃所以爲淳和之至治也. 董氏曰, 不知修德爲本, 而專尚才智, 欲以刑政齊民, 則必有所傷, 故缺缺也. [朴世堂] 其政悶悶, 是非不分而其民反醇醇以質. 其政察察, 善惡必明, 而其民反缺缺以薄. [蔣錫昌] "悶悶", 謂聖人無爲之態度昏昏默默也. "淔"卽"淳"字, "醅"卽"醇"字. "淳"、"醇"、"諄"、"偆"、"蠢"並爲"惇"字之假. 『說文』, "惇, 厚也." "其政悶悶, 其民惇惇.", 言聖人淸靜無爲, 其態昏昏默默, 故其民亦應之以惇厚樸實也. … "察察", 嚴刻急疾貌, "缺缺", 機詐滿面貌. 此言俗君好有爲, 則專以智術爲嚴刻急疾之政, 故其民亦應之以姦僞爭競, 而機詐滿面也.

○ 禍, 福之所倚. 福, 禍之所伏.

[河上公] 倚, 因也. 夫福因禍而生, 人能遭禍而悔過責己, 修善行道, 則禍去福來. 禍伏匿於福中, 人得福而爲驕恣, 則福去禍來. [李約] 倚, 因也. 聰明之君省己修德, 從凋殘之中一變爲淳和也. 伏, 藏也. 庸昏之主以淳和爲己德, 遂虐法, 從淳和之中復化爲凋殘也. [陳景元] 夫世之所謂禍者, 莫不喜之, 畏則戒愼, 而福生其中矣. 世之所謂福者, 莫不畏之, 喜則憍矜, 而禍藏其間矣. [李珥] 一治一亂. 氣化盛衰, 人事得失, 反復相因, 莫知所止極, 而惟無爲者, 能治也. [蔣錫昌] 聖人無爲, 天下自化, 既無所謂福, 亦無所謂禍. 自俗君有爲, 以智爲治, 天下乃紛紛擾擾, 競以姦僞相勝, 於是禍福倚伏, 而莫知其極矣.

○ 孰知其極. 其無正也, 正復爲奇, 善復爲祆.

[河上公] 禍福更相生, 孰能知其窮極也. 無, 不也. 謂人君不正其身, 其無國也. 奇, 詐也. 人君不正, 雖正復化下爲詐. 善人皆復化上爲訞祥也. [李約] 禍福倚伏, 豈無正耶？必有正耳, 正在有道之君也. [陳景元] 禍福相因, 莫知其窮極也. 故天地有休否, 日月有盈虧, 此倚伏之數也. 夫禍藏福中, 有福而憍矜, 則禍至. 福隱禍內, 有禍而戒愼, 則福來. 此世之必然也. [朴世堂] 是非不分, 向所謂禍者, 而今以致福, 善惡必明, 向所謂福者, 而今以致禍, 是禍伏於福, 福倚於禍, 倚伏之理, 孰知其極乎. 其果無所謂正者耶. [蔣錫昌] "其"謂人主也. "正"誼解見八章, 謂淸靜之道也. "奇", 邪也. 七十四章王注, "詭異亂羣, 謂之奇也." "妖"爲善之反, 惡也. 『晉語』, "辨妖祥于謠." 高注, "妖, 惡也." 此言人主如無淸靜之道以爲治邪, 則民之本爲靜者, 將復化爲邪亂. 民之本良善者, 將復化爲凶惡也. [高亨] 楊樹達曰: "善復爲祆上疑脫'其無善'三字." 亨按: 其猶豈也.

○ 人之迷也, 其日固久矣.

[河上公] 人君迷惑失正以來, 其日固久. [李約] 以正爲詐, 以善爲妄, 此迷惑之人常情也. 人爲此迷, 非一朝一夕之故, 其所由來久矣. [陳景元] 禍福倚伏, 豈無正邪, 在乎有道之君無爲無事, 忘形忘物, 而後正耳. 若有心爲正, 其正必復爲奇, 有心爲善, 其善必復爲妖矣. [朴世堂] 正之過則復爲邪, 善之過則復爲惡, 人之迷於正邪善惡之分, 其爲日固已久矣. [蔣錫昌] 此言人主好察察爲政, 至遭禍而不悟, 甚至民皆化爲邪惡而亦不悟, 可謂迷惑失道之日已久, 非一朝一夕之故也. [高亨] 迷謂不明於禍福正奇善妖之相尋也. 右八句爲一章.

○ 是以聖人方而不割, 廉而不劌, 直而不肆, 光而不耀.

[河上公] 聖人行方正者, 欲以率下, 不以割截人. 聖人廉淸, 欲以化民,

不以傷害人也. 今則不然, 正己以害人也. 肆, 申也. 聖人雖直, 曲己從
人, 不自申也. 聖人雖有獨見之明, 常如暗昧, 不以耀亂人. **[王弼]** 以方導
物, 舍去其邪. 不以方割物, 所謂大方無隅. 廉, 淸廉也. 劌, 傷也. 以淸
廉淸民, 令去其邪, 令去其污, 不以淸廉劌傷於物也. 以直導物, 令去其
僻, 而不以直激沸於物也, 所謂直若屈也. 以光鑒其所以迷, 不以光照求
其隱匿也, 所謂明道若昧也. **[蔣錫昌]** "方而不割"與"廉而不劌", 文異誼
同, 皆所以喩聖人貴和光同塵, 無形無名也. **[高亨]** 方而不割者, 方不毁
物也. 廉而不劌者, 廉不傷世也. 直而不肆者, 直不觸人也. 光而不耀者,
榮不炫俗也.

異本

[馬甲] ◇◇◇◇, ◇◇◇◇. 其正(政)察察, 其邦夬(缺)夬(缺). 旤(禍),
福之所倚, 福, 旤(禍)之所伏. ◇◇◇◇. ◇◇◇◇, ◇◇◇◇, ◇◇◇◇.
◇◇◇◇, ◇◇◇◇. ◇◇◇◇◇, ◇◇◇◇, ◇◇◇◇, ◇◇◇◇.
[馬乙] 其正(政)䚂(閔)䚂(閔), 其民屯屯. 其正(政)察察, 其◇◇◇. 福,
◇之所伏. 孰知其極. ◇无正也, 正◇◇◇, 善復爲◇. ◇之悉(迷)也, 其日
固久矣. 是以方而不割, 兼(廉)而不刺, 直而不絏, 光而不眺(耀). **[敦五]**
其政悶悶, 其民蠢蠢. 其政察察, 其民缺缺. 禍, 福之所倚. 福, 禍之所伏.
勢(孰)知其極. 其无政, 政復爲奇, 善復爲訞. 人之迷, 其日固久. 方而不
割, 廉而不穢, 直而不肆, 光而不耀. **[道藏]** 其政悶悶, 其民醇醇. 其政察
察, 其民缺缺. 禍兮福所倚, 福兮禍所伏. 孰知其極. 其無正邪, 正復爲
奇, 善復爲祅. 民之迷, 其日固久. 是以聖人方而不割, 廉而不劌, 直而不
肆, 光而不耀. **[傅校]** 其政閔閔, 其民倚倚, 其政詧詧, 其民缺缺. 禍兮福
之所倚. 福兮禍之所伏. 孰知其極. 其無正衰, 正復爲奇, 善復爲祅. 人之
迷也, 其日固久矣. 是以聖人方而不割, 廉而不劌, 直而不肆, 光而不耀

62

經文

道者, 萬物之奧, 善人之寶, 不善人之所保. 美言可以市, 尊行可以加人. 人之不善, 何棄之有. 故立天子, 置三公, 雖有拱璧以先駟馬, 不如坐進此道. 古之所以貴此道者何. 不曰求以得, 有罪以免邪. 故爲天下貴.

飜譯

道라는 것은 萬物의 主宰요, 善人의 寶物이요, 善하지 못한 사람의 保身하는 바이다. 아름다운 言辭는 尊敬을 받을 수 있고, 아름다운 擧動은 남에게 尊重을 받을 수 있다. 善하지 못한 사람을 어찌 버리랴? 善하지 못한 까닭에 天子를 세우고 三公을 두는 것이니, 大璧을 받들어 앞에 서고 駟馬가 그 뒤를 따르는 進上이 있을지언정 다만 꿇어앉아 이 道를 進獻하는 것만 같지 못하다. 예로부터 이 道를 重視한 까닭은 무엇인가? 善을 얻고자 하면 善을 얻는다 하고, 허물이 있는 이라도 허물을 벗는다고 하지 않던가? 그래서 天下가 모두 貴重하게 여기는 것이다.

集注

○ 道者，萬物之奧，善人之寶，不善人之所保．

[河上公] 奧，藏也．道以萬物之藏，無所不容也．善人以道，爲身之寶，不敢違也．道者，不善人之所保倚也．遭患逢急，猶能知自悔卑柔也．[王弼] 奧，猶曖也，可得庇蔭之辭．寶以爲用也．保以全也．[李約] 道於萬物之中最深最奧，能與庶品爲根本也．善人之道，修身可以長生，故用爲寶．不善人者，是下士也，下士曾無向道之心，及有禍難，則以爲保冀其庇護也．[司馬光] 妙萬物而爲言．守而用之．依於有道以自安．[朴世堂] 奧，主也．堂室以奧爲主．道者，善人之所寶以用，不善人之所保以生．[蔣錫昌]『廣雅・釋詁』四，"奧藏也．" 故河上注，"奧，藏也．" "奧"有藏意，故含有覆蓋庇等義．"道者萬物之奧"，言道爲萬物之庇蔭也．五十一章，"故道生之，德畜之，長之育之，亭之毒之，養之覆之．"，與此誼同．… 善人化於聖人之道，益進於善，故道爲善人之寶．不善人化於聖人之道，可以改善，故道爲不善人之所保．蓋天下之人，無善與不善，唯在聖人之以道爲化．四十九章所謂"聖人無常心，以百姓心爲心．善者吾善之，不善者吾亦善之．"也．[張松如] "注"字讀爲主，通行本作"奧"，『禮記・禮運』："人情以爲田，故人以爲奧也." 注："奧，猶主也．田無主則荒." 此言道爲萬物之主宰，故亦必爲萬物所宗屬也．

○ 美言可以市，尊行可以加人．人之不善，何棄之有．

[河上公] 人雖不善，當以道化之．蓋三皇之前，無有棄民，德化淳也．[王弼] 美言之，則可以奪衆貨之賈，故曰美言可以市也．尊行之，則千里之外應之，故曰可以加於人也．不善當保道以免放．[李約] 人無不善，但化之不至也．[司馬光] 所貴於道者，爲其兼容敦化，若中者棄不中，才者棄不才，不得爲有德．[朴世堂] 美言可以市於人而悅其意，尊行可以加於人而服其心．雖不善之人能悅其意、服其心，則彼皆樂得於我，我於彼

何棄之有. 此善人之所以寶道, 而不善人之所保於道者也. **[蔣錫昌]** 善人化於道, 則其美言可以取人尊敬, 其美行可於見重於人, 故道爲善人之寶也. … 不善人化於道, 亦能改過遷善, 可知人無棄人, 故道爲不善人之所保也. **[高亨]** 二十七章曰: "聖人常善救人, 故無棄人; 常善救物, 故無棄物." 可作此句之義疏. **[張松如]** 此言不善人化于道, 亦能改過遷善. 正如二十七章曰: "聖人恒善救人, 故無棄人." 故不善人又爲道之所保也.

○ **故立天子，置三公，雖有拱璧以先駟馬，不如坐進此道.**

[王弼] 故立天子, 置三公, 尊其位, 重其人, 所以爲道也. 物無有貴於此者, 故雖有拱抱寶璧以先駟馬而進之, 不如坐而進此道也. **[李約]** 天子, 萬民之主也. 欲以其道付之, 令化不善之人, 又恐忽其道, 更置三公以佐之. 三公有大璧先良馬而進之, 亦忠臣之分, 然不如坐進此深奧之道於君, 以集雍熙之化. **[司馬光]** 立君以司牧其民, 置輔以師保其君. 拱璧, 璧大如拱也. 古者進物, 必有以先之. 寶用有盡, 道用無窮. **[朴世堂]** 雖以君相之尊, 獲拱璧駟馬聘幣之重, 亦不如坐進此道之爲貴. **[蔣錫昌]** 人民所以立天子, 置三公者, 欲天子行道, 三公輔之. 故三公雖有拱壁以先駟馬獻於天子, 然總不如跪坐而進以道之尤爲可貴也.

○ **不日求以得，有罪以免邪.**

[王弼] 以求則得求, 以免則得免, 無所而不施, 故爲天下貴也. **[司馬光]** 有求而循道者, 無不得. 有過而從道者, 無不免. **[朴世堂]** 夫古之所以貴此道者, 其意如何. 豈不以善人求之以得, 不善人賴以免罪耶. 此道之所以爲天下之所貴而萬物之所宗也. **[蔣錫昌]** "求以得, 有罪以免", 正承上文"善人之寶, 不善人之所保"而言, 謂善人化於道, 則求善得善, 有罪者化於道, 則免惡入善, 此道之所以爲天下貴也. **[高亨]** 俞樾曰: "… 不日

求以得有罪以免邪，言人能脩道，則所求者可以得，有罪者可以免也. ‘不曰’字‘邪’字相應，猶言豈不以此邪. 謙不敢質言也.” 馬敍倫曰: “弼注曰: ‘以求則得求. 以免則得免.’ 疑『老子』本作‘不曰有求以得，有罪以免邪.’” 亨按: 俞、馬說是也.

　　[馬甲] ◇者，萬物之注也，善人之葆(寶)也，不善人之所葆(保)也. 美言可以市，尊行可以賀(加)人. 人之不善也，何棄◇有. 故立天子，置三卿，雖有共之璧以先四馬，不善(若)坐而進此. 古之所以貴此者何也. 不冑(謂)◇◇得，有罪以免輿(與). 故爲天下貴. [馬乙] 道者，萬物之注也，善人之葆(寶)也，不善人之所保也. 美言可以市，尊行可以賀(加)人. 人之不善，何◇◇◇. ◇立天子，置三鄉(卿)，雖有◇◇璧以先四馬，不若坐而進此. 古◇◇◇◇◇◇◇◇. 不冑(謂)求以得，有罪以免輿. 故爲天下貴. [敦五] 道者，萬物之奧，善人之寶，不善人所不保. 美言可以市，尊行可以加人. 人之不善，奚棄之有. 故立天子，置三公，雖有供之璧以先四馬，不如坐進此道. 古之所以貴此道者何. 不曰求以得，有罪以免. 故爲天下貴. [道藏] 道者，萬物之奧，善人之寶，不善人之所保. 美言可以市，尊行可以加人. 人之不善，何棄之有. 故立天子，置三公，雖有拱璧以先駟馬，不如坐進此道. 古之所以貴此道者何. 不曰求以得，有罪以免邪. 故爲天下貴. [傅校] 道者，萬物之奧也，善人之所寶，不善人之所保. 美言可以於市，尊言可以加於人. 人之不善，何棄之有. 故立天子，置三公，雖有拱璧以先駟馬，不如進此道也. 古之所以貴此道者，何也. 不曰求以得，有罪以免邪. 故爲天下貴.

제 5 편

虛 허
中 중

제5편은 노자 제5장을 첫머리로 삼아 이와 밀접한 관련을 보이는 여타의 장들을 차례로 뽑아 엮었다. 노자 제5장은 天地間에 그득하게 넘쳐흐르는 "道"의 작용을 풀무질에 비유하고 이로써 "道"의 본질적 성격을 '虛中'으로 묘사했다. '虛中'은 '沖淡'과 유사한 개념이기는 하지만, '沖淡'은 다만 현상을 가리키는 말이고, '虛中'은 현상의 이면에 작용하는 원리를 가리키는 말이다. "道"는 偏愛하는 바가 없이 無心하여 마침내 "不仁"한 양상을 보이나, "不仁"한 그것이야말로 만물로 하여금 自作、自生하게 하는 원리다. 노자 제17장、제18장、제19장、제38장、제49장、제79장 등은 노자 제5장의 내용과 밀접한 관련을 보인다. 구문을 적시하면 다음과 같다.

5.1. 天地不仁, 以萬物爲芻狗. 聖人不仁, 以百姓爲芻狗.

○ 上德不德, 是以有德. 下德不失德, 是以無德. (第38章)

○ 聖人恒無心, 以百姓之心爲心. (第49章)

○ 天道無親, 恒與善人. (第79章)

5.2. 天地之間, 其猶橐籥乎. 虛而不屈, 動而愈出. 多聞數窮, 不若守於中.

○ 猶兮其貴言也. 成功遂事, 而百姓謂我自然. (第17章)

○ 故大道廢, 安有仁義. (第18章)

○ 見素抱樸, 少私寡欲. (第19章)

05

天地不仁, 以萬物爲芻狗. 聖人不仁, 以百姓爲芻狗. 天地之間, 其猶橐籥乎. 虛而不屈, 動而愈出. 多聞數窮, 不若守於中.

天地는 仁愛하지 않으니, 萬物을 지푸라기 강아지처럼 여긴다. 聖人은 仁愛하지 않으니, 百姓을 지푸라기 강아지처럼 여긴다. 天地는 풀무와도 같지 않은가? 비어 있는 듯하되 아무리 불어내도 바람이 다하지 않고, 부치면 부칠수록 바람이 더욱 더 세차게 나온다. 布告가 많을수록 머잖아 곧 窮塞해지거니와, 虛無의 中正을 지키는 것만 같지 못하다.

○ 天地不仁, 以萬物爲芻狗. 聖人不仁, 以百姓爲芻狗.

[河上公] 天施地化, 不以仁恩, 任自然. 天地生萬物, 人最爲貴, 天地視之如芻草狗畜, 不責望其報. 聖人愛養萬民, 不以仁恩, 法天地之行自然. 聖人視百姓如芻草狗畜, 不責望於其禮意. [王弼] 天地任自然, 無爲

無造, 萬物自相治理, 故不仁也. 仁者必造立施化, 有恩有爲. 造立施化, 則物失其眞, 有恩有爲, 則物不具存, 物不具存, 則不足以備載矣. [李約] 仁, 恩也. 夫恩生乎心, 天地無心, 焉得恩. 芻, 草也. 夫報起乎情, 芻狗無情, 焉得報. 聖人法天地之無心, 但虛懷而在土, 則何仁之有乎. 百姓象芻狗之無情, 遂忘帝力於其下耳. [司馬光] 芻狗, 祭祀之具也, 未用則貴, 已用則賤. 天生五材, 力盡而弊之, 有似不仁. [朴世堂] 人之於芻狗, 祭則用之, 已祭則棄之, 蓋未嘗有慈愛恩照之意. 天地之於萬物, 聖人之於百姓, 無心亦如是也. 林氏曰, 莊子云, 大仁不仁. 又曰, 至德之世, 相愛而不知以爲仁, 亦是此意也. [蔣錫昌] 『周語』, “仁, 所以保民也.” 韋注, “保, 養也.” 是仁有保養之意. “天地不仁”, 言天地不保養萬物, 而任其自保自養. “聖人不仁”, 言聖人不保養百姓, 而任其自保自養. 此皆無爲而任其自然也. 『莊子・齊物論』, “大仁不仁”, 彼此“不仁”, 誼均相同. … 不有生命之死, 卽無生命之生, 不有生死之迭續, 卽無物種之互延. 老子看破此理, 故以百姓爲芻狗, 於其生死禍福毫不理會. 此欲聖人淸靜無爲而任諸自然也. 老子此說, 不仁之至, 亦大仁之至. [高亨] 老子不以仁爲上德也. 十八章曰: “大道廢, 有仁義.” 十九章曰: “絶仁棄義, 民復孝慈.” 三十八章曰: “失道而後德, 失德而後仁, 失仁而後義, 失義而後禮.” 是其證. 『說文』: “仁, 親也.” 『荀子・大略』篇: “仁, 愛也.” 然則不仁祇是無所親愛而已.

○ **虛而不屈, 動而愈出.**

[河上公] 空虛無有竭時, 動搖之, 益出聲氣. [王弼] 橐鑰之中空洞, 無情無爲, 故虛而不得窮屈, 動而不可竭盡也. 天地之中, 蕩然任自然, 故不可得而窮, 猶若橐籥也. [李約] 橐無底, 曰橐爐錘之, 家用鼓風. 鑰, 笛之類, 伶倫之人吹之以爲之樂. 二者皆虛中無情, 所以應求不倦. 天地如之, 所以不仁也. [司馬光] 橐籥之中, 空洞無情, 故虛而不可窮屈, 動而不

可竭盡. [李珥] 董氏曰: "橐, 鞴也, 籥, 管也, 能受氣鼓風之物. 天地之間, 二氣往來屈伸, 猶此物之無心, 虛而能受, 應而不藏也." 古本, 皆釋屈作竭. 無形可見, 而無一物不受形焉. 動而生生, 愈出而愈無窮焉. 朱子曰: "有一物之不受, 則虛而屈矣. 有一物之不應, 是動而不能出矣." [朴世堂] 橐籥所以鼓風者, 能虛而守中, 其用不屈, 故每動而風愈出, 天之生物, 譬亦如此, 橐籥以虛鼓風, 天以無心生物, 其道同也. [蔣錫昌] "虛而不屈", 謂天地空虛無爲, 而萬物猶生化不竭也. "動而愈出", 謂天地若有意使萬物動作生長, 則萬物愈出愈多. 愈出愈多, 則其結果必至相害而不能並生矣. [高亨] "乎"字可刪. 天地之間四句, 疑亦說道之辭. 蓋天地之間, 無非道之體運也. … 右四句爲一章.

○ 多聞數窮, 不若守於中.

[嚴遵] 天地不言, 以其虛無, 得物之中, 生物不窮. 聖人不言, 法令虛而合物則. 天獄空而無禁, 鬼神靜而無爲. 天下蕩蕩, 不識不知而大治也. [李約] 有心而言, 則有時而竭, 虛中而應, 則無日而窮. [朴世堂] 若夫多言者則呴呴, 然欲行其私恩小慈, 而未免數窮, 不如虛而守中, 如橐籥之不屈也. [蔣錫昌] 四十三章, "不言之教, 無爲之益, 天下希及之." "不言"與 "無爲"辭異誼同, 故並言之. "多言"爲"不言"之反, 亦爲"無爲"之反, 故 "多言"卽有爲也. 禮記曾子問, "不知其已之遲數." 注 "'數'讀爲'速'." 是 "數"借爲"速". 論語子張篇, "允執厥中." 皇疏, "'中', 謂中正之道也." 此"中"乃老子自謂其中正之道, 卽無爲之道也. 三十七章, "道常無爲而無不爲. 侯王若能守之, 萬物將自化." "守之"卽"守道", 亦卽此文"守中". "多言數窮, 不如守中", 言人君有爲則速窮, 故不如守淸靜之道之爲愈也. [張松如] 蔣錫昌曰: "强本成疏, '多聞, 博贍也'. 是成作多聞. 二十三章'希言自然'、四十三章'不言之教', '多言'爲'希言'或'不言'之反; 老子自作'多言', 不作'多聞'或'言多'也." 如按: 蔣說雖亦成理, 但

"言多"可勿論, 却不得于彼說過'希言'、'不言', 便肯定于此定不作"多聞"而作"多言".

異本

[馬甲] 天地不仁, 以萬物爲芻狗. 聲(聖)人不仁, 以百省(姓)◇◇狗. 天地◇間, ◇猶橐籥輿(與). 虛而不淈(屈), 踵(動)而俞(愈)出. 多聞數窮, 不若守於中. [馬乙] 天地不仁, 以萬物爲芻狗. 耶(聖)人不仁, ◇百姓爲芻狗. 天地之間, 其猷(猶)橐籥輿(與). 虛而不淈(屈), 動而俞(愈)出. 多聞數窮, 不若守於中. [敦五] 天地不仁, 以萬物爲芗(芻)狗. 聖人不仁, 以百姓爲芗(芻)狗. 天地之間, 其猶橐籥. 虛而不屈, 動而愈出. 多聞數窮, 不如守中. [道藏] 天地不仁, 以萬物爲芻狗. 聖人不仁, 以百姓爲芻狗. 天地之間, 其猶橐龠乎. 虛而不屈, 動而愈出. 多言數窮, 不如守中. [傅校] 天地不仁, 以萬物爲芻狗. 聖人不仁, 以百姓爲芻狗. 天地之間, 其猶橐籥乎. 虛而不訓, 動而俞出. 多言數窮, 不如守中.

17

太上, 下知有之. 其次, 親譽之. 其次, 畏之. 其次, 侮之. 信不足, 安有不信. 猶兮其貴言也. 成功遂事, 而百姓謂我自然.

太上의 君王은 그가 있음을 아랫사람이 겨우 알 뿐이다. 그 다음은 가까이 여기고 높여 추켜세운다. 그 다음은 두려워한다. 그 다음은 업신여긴다. 君王의 信賴가 모자라니, 그래서 不信이 생기는 것이다. 躊躇하여 教令을 아껴야 할지다. 太上의 君王은 功績을 이루고 事業을 마치되, 百姓들은 '우리가 저절로 이룬다.'라고 한다.

○ 太上, 下知有之.

[河上公] 太上謂太古無名號之君. 下知有之者, 下知上有君, 而不臣事, 質樸也. [王弼] 太上, 謂大人也, 大人在上, 故曰太上. 大人在上, 居無爲之事, 行不言之敎, 萬物作焉而不爲始, 故下知有之而已. [司馬光] 莫知帝力. [陳景元] 所謂上德不德者也. [朴世堂] 下或云當作不, 非是. 太上, 其民但知有君而已. 上無爲而下自忘也. [蔣錫昌] 此文"太上", 亦謂最好,

係就世道升降之程度而言, 猶謂最好之世也. **[高亨]** 下知有之者, 民知有
君而無愛惡恩怨於其間也.

○ **信不足, 安有不信.**

[王弼] 不能以無爲居事、不言爲敎, 立善行施, 使下得親而譽之也. 不
能復以恩仁, 令物而賴威權也. 不能法以正齊民而以智治國, 下知避之,
其令不從, 故曰侮之也. **[陳景元]** 上德旣衰, 仁義章顯, 故天下被其仁者,
親而附之, 懷其義者, 譽而擧之. … 仁義失而刑法立, 刑法立則禁令嚴,
禁令嚴而民畏之. 夫禁令雖嚴, 而權詐爲事者, 民從其化, 而爲欺罔, 民
歡罔則侮上之深者也. … 心有愛之謂誠, 言可復之謂信, 信全則天下安,
信失則天下危. **[朴世堂]** 其次則施德惠, 故其民親之譽之. 又其次則修刑
政, 故其民畏之. 又其次則德刑俱亡, 故其民始侮之. 所以受侮於其民
者, 以己之信不足, 是以人有不信我者. **[蔣錫昌]** 上以仁義爲治, 以刑法
爲威, 以巧詐爲事, 此皆由大道衰降, 君信不足, 而後出此. 故曰"信不
足". 上以仁義爲治, 下則親而譽之, 上以刑法爲威, 下則畏之, 上以巧詐
爲事, 下則侮之. 此皆由君信不足於下, 下乃以不信應之. 故曰"焉有不
信".

○ **猶兮其貴言也.**

[河上公] 太古之君, 擧事猶猶, 貴重於言, 恐離道失自然也. **[王弼]** 無物
可以易其言, 言必有應, 故曰悠兮其貴言也. **[李約]** 不知貴言賤信, 已至
斯弊, 猶貴其言, 則淳和之風不可至也. **[司馬光]** 猶當作由. 欲盡復其言,
必不能周. **[陳景元]** 自親而下已喪太上無爲之化, 不能復淳古之風, 猶其
貴重言敎, 執守陳迹, 以爲化方, 雖然失道遠矣, 不猶愈於忽言不信, 而
致犯上作亂者乎. **[朴世堂]** 猶, 猶豫也. 貴, 難愼也. 多言數窮, 不如守中,
貴言則信立於我, 而民不能侮也. **[蔣錫昌]** "悠兮", 幽遠無象之貌, "貴言"

卽二十三章"希言"之誼. 彼此二"言", 均指聲敎法令而言. **[高亨]** 其猶豈也.(見王引之『經傳釋詞』.) 五十八章曰: "其無正!"猶云豈無正也. **[張松如]** 猶、悠、由、猷, 古通假, 皆幽遠無象之貌.

○ 成功遂事, 而百姓謂我自然.

[河上公] 百姓不知君上之德淳厚, 反以爲己自當然. **[王弼]** 居無爲之事, 行不言之敎, 不以形立物, 故功成事遂, 而百姓不知其所以然也. **[李約]** 由無敎令, 是有此俗. **[陳景元]** 夫有道之君, 垂拱無爲, 故功業成而不有, 愔默淸靜, 故事務遂而忘知. **[朴世堂]** 天下之人陰受其賜而不自知, 如"帝力何有於我", 是也. **[蔣錫昌]** 古書關於"自然"一詞, 約有二義. 一爲"自成", 此爲常語. 一爲"自是", 此爲特語. … 老子所謂"自然"皆指"自成"而言. "自成"亦卽三十六章及五十七章"自化"之意. "功成事遂, 百姓皆謂我自然.", 謂人民功成事遂, 百姓皆謂吾儕自成, 此卽古時所謂"帝力何有於我"也. **[高亨]** 功成事遂, 百姓皆曰"我自然", 不知其君之力也. 『論衡』及『帝王世紀』所載『擊壤歌』: "日出而作, 日入而息, 鑿井而飮, 耕田而食, 帝力何有於我哉!" 卽此意也. **[張松如]** 『廣雅‧釋詁』: "然, 成也." 自然, 卽自成, 謂無借外力, 自成如此也.

異本

[郭店] 大上, 下知有之. 其次, 親譽之. 其次, 畏之. 其次, 侮之. 信不足, 安有不信. 猷乎其貴言也. 成事遂功, 而百姓謂我自然也. **[馬甲]** 大上, 下知有之. 其次, 親譽之. 其次, 畏之. 其下, 母(侮)之. 信不足, 案有不信. ◇◇其貴言也. 成功遂事, 而百省(姓)胃(謂)我自然. **[馬乙]** 大上, 下知又(有)◇. 其◇, 親譽之. 其次, 畏之. 其下, 母(侮)之. 信不足, 安有不信. 猷(猶)呵其貴言也. 成功遂事, 而百姓胃(謂)我自然. **[敦五]** 太上, 下知有之. 其次, 親之譽之. 其次, 畏之侮之. 信不足, 有不信. 猶其貴言. 成功

遂事, 百姓謂我自然. **[道藏]** 太上, 下知有之. 其次, 親之譽之. 其次, 畏
之侮之. 信不足, 有不信. 猶其貴言. 功成事遂, 百姓皆謂我自然. **[傅校]**
太上, 下知有之. 其次, 親之. 其次, 譽之. 其次, 畏之. 其次, 侮之. 故信
不足, 焉有不信. 猶兮其貴言哉. 功成事遂, 百姓皆曰我自然.

18

故大道廢, 安有仁義. 智慧出, 安有大僞. 六親不和, 安有孝慈. 邦家昏亂, 安有貞臣.

大道가 무너지니, 그래서 仁義가 있었다. 智慧가 나타나니, 그래서 大僞가 있었다. 六親이 함께 어울리지 못하니, 그래서 孝慈가 있었다. 邦家가 어지러우니, 그래서 貞臣이 있었다.

○ 故大道廢, 安有仁義. 智慧出, 安有大僞.

[河上公] 大道之時, 家有孝子, 國有忠信, 仁義不見. 大道廢不用, 而惡逆生, 乃有仁義可傳道. 智慧之君賤德貴言, 賤質貴文, 下則應之以大僞奸詐. [王弼] 失無爲之事, 更以施慧, 立善道進物也. 行術用明, 以察奸僞. 趣睹形見, 物知避之. 故智慧出, 則大僞生也. [李約] 大道非欲避仁義而廢之, 而仁義立, 故大道不得不廢, 由時舍本崇末也. 智慧出, 非欲興大僞, 而大僞不得不興, 爲憑跡而生也. [司馬光] 道者涵仁義以爲體, 行之以誠, 不形於外. 故道之行, 則仁義隱, 道之廢, 則仁義彰. [蔣錫昌] 至德之時, 人皆仁義, 故仁義不見. 及世君失道, 人皆惡逆, 乃倡仁義之

名以爲救濟. 三十八章所謂"失道而後德, 失德而後仁, 失仁而後義."也. 故云, "大道廢, 有仁義." 上用智慧爲治, 下則以大僞應之. 六十五章所謂"以智治國, 國之誠."也. 故云"知慧出, 有大僞." 莊子天地篇, "至德之世, 不尙賢, 不使能. 上如標枝, 民如野鹿. 端正而不知以爲義, 相愛而不知以爲仁." [張松如] 甲乙本俱以"故"字起句, 似緊接上章, 這說明『老子』原不分章, 八十一章皆系後人所臆定.

○ 六親不和, 安有孝慈. 邦家昏亂, 安有貞臣.

[河上公] 天下太平不知仁, 人盡無欲不知廉, 各潔己不知貞. 故大道之世, 孝慈滅. 仁義沒, 猶日月盛明, 衆星失光. [王弼] 甚美之名, 生於大惡, 所謂美惡同門. 六親, 父子兄弟夫婦也. 若六親自和, 國家自治, 則孝慈忠臣不知其所在矣. 魚相忘於江湖之道, 則相濡之德生也. [李約] 父慈子孝之日, 豈有曾參之名. 君賢臣良之時, 焉有比干之節. [朴世堂] 國家昏亂而後知有忠臣, 失在昏亂, 非忠臣之過也. 六親不和而後知有孝慈, 失在不和, 非孝慈之過也. 大道廢而後知有仁義, 失在道廢, 非仁義之過也. 老子於此, 可謂不揣其本矣. 國家治, 雖無忠臣之名, 不害其爲忠臣也. 六親和, 雖無孝慈之名, 不害其爲孝慈也. 大道行, 雖無仁義之名, 不害其爲仁義也. 人皆欲爲忠臣則國家治矣, 人皆欲爲孝慈則六親和矣, 人皆欲爲仁義則大道行矣, 此聖人所以貴仁義也. 或曰, 此老子憤世之辭也. [高亨] 『呂氏春秋·論人』篇: "何謂六親. 父母兄弟妻子."與王注小異. [張松如] "貞臣", 今王本、河上本及景龍、開元、敦煌諸本皆作"忠臣". 范應元曰: "'貞'字, 嚴遵、王弼同古本. 世本多作'忠', 盖避諱也."

[郭店] 故大道廢, 安有仁義. 智慧出, 安有大僞. 六親不和, 安有孝慈. 邦家昏亂, 安有貞臣. [馬甲] 故大道廢, 案有仁義. 知(智)快(慧)出, 案有

大僞. 六親不和, 案有畜(孝)茲(慈). 邦家昏亂, 案有貞臣. [馬乙] 故大道廢, 安有仁義. 知(智)慧出, 安有◇◇. 六親不和, 安又(有)孝茲(慈). 國家昏亂, 安有貞臣. [敦五] 大道廢, 有仁義. 智慧出, 有大僞. 六親不和, 有孝慈. 國家昏亂, 有忠臣. [道藏] 大道廢, 有仁義, 智慧出, 有大僞, 六親不和, 有孝慈, 國家昏亂, 有忠臣. [傅校] 大道廢, 焉有仁義. 智慧出, 焉有大僞. 六親不和, 有孝慈. 國家昏亂, 有貞臣.

19

絶聖棄智, 民利百倍. 絶仁棄義, 民復孝慈. 絶巧棄利, 盜
賊無有. 此三言也, 以爲文未足, 故令之有所屬. 見素抱樸,
少私寡欲.

才能의 聖智를 끊고 버리면, 人民의 利益이 열의 열 곱절일 것이다.
人情의 仁義를 끊고 버리면, 人民이 다시 孝慈하게 될 것이다. 器具의
巧利를 끊고 버리면, 盜賊이 없어질 것이다. 이러한 세 가지 敎令은 文
理가 不足하므로 歸屬하는 바가 있도록 政令을 세운다. 純素를 드러
내고 淳樸을 품으며, 私心을 덜어서 없애고 欲求를 줄이는 것이다.

○ 絶聖棄智, 民利百倍.

[河上公] 絶聖, 絶聖制作, 反初守元. 五帝畫象, 倉頡作書, 不如三皇結
繩, 無文而治也. 棄智, 棄智惠, 反無爲. [司馬光] 聖智所以利民也, 至其
末流之弊, 乃或假聖智以害民, 故老子矯之云爾. [陳景元] 聖者謂制度法
象功用陳跡之聖也. 絶之者欲復其渾樸也. [朴世堂] 聖, 知也, 通也. 智慧
出而詐僞興, 故欲絶聖去智, 僞息則害止, 害止則利倍. [蔣錫昌] 聖者創

制立法, 智者舞巧弄詐. 五十七章, "法令滋彰, 盜成多有." 六十五章, "以智治國, 國之賊." 故必絶之棄之, 而後民利百倍也. [高亨] 『老子』書稱聖人者凡三十許處, 皆視爲至高之人而無詆訾之語, 此乃云絶聖者, 非自相矛盾也. 『說文』: "聖, 通也." 是此聖字之義. … 此聖字僅是博通審察; 可云大智曰聖, 與聖人之聖異義.

○ 此三言也, 以爲文未足, 故令之有所屬.

[河上公] 此三者, 謂上三事絶棄. 以爲文不足者, 文不足以化民. [李約] 屬, 繼也. 三者足以敎君, 未足以敎民, 故更繼四句. [司馬光] 屬, 著也. 聖智、仁義、巧利, 皆古之善道也, 由後世徒用之以爲文飾, 而內誠不足, 故令三者皆著於名而喪其實. [陳景元] 屬, 繼也. 三者謂絶聖棄智、絶仁棄義、絶巧棄利. 言此三者雖欲不用, 而復其淳古之風, 然紀之爲文, 垂之爲敎, 尙未明白於理不足, 故人多有疑難之者. 別令有所屬繼, 使韋心渙然如冰之, 釋在下文. [朴世堂] 以爲文不足, 故令有所屬, 兩句未詳. 林氏曰, '聖知、仁義、巧利三者, 以道觀之, 是文也, 不足以治天下, 不若屬民而使之見素抱樸、少私寡欲, 而天下自無事矣.' [蔣錫昌] 『周語』, "以文修之", 韋注"文, 禮法也." 此"文"亦謂禮法, 卽指上文聖智、仁義、巧利三者而言. "此三者以爲文, 不足.", 謂以上言三者爲禮法, 不足以治天下也. "故令有所屬", 謂故令人君別有所屬, 如下文所云也.

○ 見素抱樸, 少私寡欲.

[王弼] 聖智, 才之善也. 仁義, 人之善也. 巧利, 用之善也. 而直云絶, 文甚不足, 不令之有所屬, 無以見其指. 故曰此三者以爲文而未足, 故令人有所屬, 屬之於素樸寡欲. [李約] 見素, 去染也. 抱樸, 守本也. 少私, 忘己也. 寡欲, 喪偶也. [司馬光] 見素, 任眞. 抱樸, 存本. 少私, 無我.

寡欲, 無求. **[陳景元]** 見素謂守其純素, 不雜文飾, 聖跡智謀, 自然絕矣. 抱樸謂歸其樸厚, 不徇矜夸, 仁義之情, 自然棄矣. 少私謂守分至公, 不好外美, 而機巧自然絕矣. 寡欲謂節儉制情, 泊然安靜, 而浮利自然遺矣. **[蔣錫昌]** 五十七章, "我無欲而民自樸", 可知"樸"卽"無欲". "無"亦"寡"也. 故此文"少私", 卽七章之"無私", "寡欲"卽五十七章之"無欲".

異本

[郭店] 絕智棄辯, 民利百倍. 絕巧棄利, 盜賊無有. 絕愚棄慮, 民復季子. 三言, 以爲文不足, 故命之有所屬. 視素保樸, 少私寡欲. **[馬甲]** 絕聲(聖)棄知(智), 民利百負(倍), 絕仁棄義, 民復畜(孝)茲(慈). 絕巧棄利, 盜賊無有. 此三言也, 以爲文未足, 故令之有所屬. 見素抱◇, ◇◇◇◇◇. **[馬乙]** 絕耶(聖)棄知(智), 而民利百倍. 絕仁棄義, 而民復孝茲(慈). 絕巧棄利, 盜賤無有. 此三言也, 以爲文未足, 故令之有所屬. 見素抱樸, 少私而寡欲. **[敦五]** 絕聖棄智, 民利百倍. 絕仁棄義, 民復孝慈. 絕巧棄利, 盜賊無有. 此三言爲文未足, 故令有所屬. 見素抱樸, 少私烹(寡)欲. **[道藏]** 絕聖棄智, 民利百倍, 絕仁棄義, 民復孝慈, 絕巧棄利, 盜賊無有. 此三者, 以爲文不足, 故令有所屬. 見素抱樸, 少私寡欲. **[傳校]** 絕聖棄知, 民利百倍. 絕仁棄義, 民復孝慈. 絕巧棄利, 盜賊無有. 此三者, 以爲文而未足也, 故令有所屬. 見素裹樸, 少私寡欲.

38

上德不德, 是以有德. 下德不失德, 是以無德. 上德無爲
而無以爲也. 　上仁爲之而無以爲也. 　上義爲之而有以爲也.
上禮爲之而莫之應也, 則攘臂而扔之. 故失道而後德, 失德
而後仁, 失仁而後義, 失義而後禮. 夫禮者, 忠信之薄也, 而
亂之首也. 前識者, 道之華也, 而愚之首也. 是以大丈夫居
其厚而不居其薄, 居其實而不居其華. 故去彼而取此.

上德을 갖춘 君王은 德行으로 名望을 얻고자 하지 아니하는 까닭에
德이 있다. 下德을 갖춘 君王은 德望을 잃지 아니하는 까닭에 德이 없
다. 上德을 갖춘 君王은 無爲하여 偏私로써 作爲하는 바가 없다. 上仁
을 갖춘 君王은 作爲하되 偏私로써 作爲하는 바가 없다. 上義를 갖춘
君王은 作爲하여 偏私로써 作爲하는 바가 있다. 上禮를 갖춘 君王은
作爲하되 아무도 報應하지 아니하여 마침내 옷소매를 걷어붙이고 人
民을 억지로 끌어당긴다. 이처럼 道를 잃은 뒤에는 德을 훌륭히 여겼
고, 德을 잃은 뒤에는 仁을 훌륭히 여겼고, 仁을 잃은 뒤에는 義를 훌륭
히 여겼고, 義를 잃은 뒤에는 禮를 훌륭히 여겼다. 禮라는 것은 忠信이

흐려지고 엷어진 世俗에서 벌이는 허울 놀음이자 禍亂의 첫머리다.
禮를 가지고 道를 臆測하는 이들은 얻는 것이 기껏해야 道의 虛華이자
愚昧의 끝자락이다. 大丈夫는 敦厚한 곳에 몸을 두고 輕薄한 곳에 두
지 아니하며, 樸實한 것에 마음을 두고 虛華한 것에 두지 아니한다. 따
라서 저것을 버리고 이것을 붙잡는 것이다.

集注

○ 上德不德, 是以有德. 下德不失德, 是以無德.

[河上公] 上德謂太古無名號之君, 德大無上, 故言上德也. 不德者, 言
不以德敎民, 因循自然, 養人性命, 其德不見, 故言不德也. … 下德謂號
謚之君, 德不及上德, 故言下德也. 不失德者, 其德可見, 其功可稱也.
[嚴遵] 上德之君, 體道而存, 神與化倫, 德動玄冥, 天下王之, 莫有見聞,
德歸萬物, 皆曰自然. 下德之君, 體德而行, 神與化游, 德配皇天, 天下王
之, 或見或聞, 德流萬物, 復反其君. **[王弼]** 天地雖廣, 以無爲心. 聖王雖
大, 以虛爲主. 故曰以復而視, 則天地之心見, 至日而思之, 則先王之至
睹也. 故滅其私而無其身, 則四海莫不瞻, 遠近莫不至. 殊其己而有其
心, 則一體不能自全, 肌骨不能相容. **[李約]** 人不見其跡, 則謂之不德.
物不改其樸, 然後知有德. 慕前王之美, 恭守而不墜. 物性稍移, 是知無
德. **[司馬光]** 上德不德, 是以有德, 推至誠而行之, 不自以爲德. 下德不失
德, 是以無德, 慕德之名, 循其迎而求之. **[陳景元]** 道有深淺, 故德有上下.
所謂上德者, 至德也. 至德者, 深矣, 遠矣, 與物互矣, 人不見其跡, 則謂
之不德, 以其含光匿耀, 支離所爲, 使百姓日用而不知, 其德全矣, 故曰
有德也. 下德者, 跡用漸彰至一朵散, 因循任物, 物保其安己, 天下稱之,
歸美於已遠於至德也不喪, 已遠於至德也, 故曰無德也. **[朴世堂]** 不德,
不自有其德也. 不德, 是以有德. 惟其不居, 是以不去也. 不失德, 自有其
德也. **[蔣錫昌]** 王注, "德, 得也." "上德不德", 言最得利益之君不以德爲

事也. "是以有德", 言其結果反有得也. "下德"指俗君而言, 意謂其所得之利益最下也. "下德不失德", 言得利最下之君持德不失也. "是以無德", 言其結果反無得也.

○ **上德無爲而無以爲也. 上仁爲之而無以爲也.**

[**王弼**] 上德之人, 唯道是用, 不德其德, 無執無用, 故能有德而無不爲. 不求而得, 不爲而成, 故雖有德而無德名也. 下德求而得之, 爲而成之, 則立善以治物, 故德名有焉. 求而得之, 必有失焉. 爲而成之, 必有敗焉. 善名生, 則有不善應焉. 故下德爲之而有以爲也. 無以爲者, 無所偏爲也. 凡不能無爲而爲之者, 皆下德也, 仁義禮節是也. 將明德之上下, 輒擧下德以對上德. 至於無以爲極下德下之量, 上仁是也. 足及於無以爲而猶爲之焉, 爲之而無以爲, 故有爲爲之患矣. 本在無爲, 母在無名, 棄本舍母而適其子, 功雖大焉, 必有不濟. 名雖美焉, 僞亦必生. 不能不爲而成, 不興而治, 則乃爲之, 故有弘普博施仁愛之者, 而愛之無所偏私. 故上仁爲之, 而無以爲也. [**顧歡**] 以, 用也. 上德無爲, 至本凝寂, 而無以爲, 跡用虛妙, 此名無爲而爲, 爲卽無爲也. … 仁, 慈悲也, 有心覆育, 故言爲之. 不貴恩報, 故言無以爲. 確論上仁不及下德, 對義仁勝, 故稱無以爲. 三寶之中, 以慈爲首, 故五德之內, 亦以仁爲先者也. [**李約**] 上仁爲之, 始化道而爲仁也. 而無以爲, 雖爲之而無心. [**司馬光**] 我無爲民自化. 無以爲猶言無用有爲也. [**陳景元**] 夫有上德者, 性受自然之至妙, 命得元氣之精微, 神貫天地, 明幷日月, 無思無慮, 心自無爲, 忘功忘名跡, 無以爲用也, 謂無用己爲而自得也. 古本作上德無爲而無不爲, 言上德之人, 心旣寂默, 性亦恬憺, 縱心所好, 不違自然, 任性所爲, 不逆萬物, 故無爲而無不爲. [**朴世堂**] 無以爲, 無心也. 有以爲, 有心也. [**蔣錫昌**] "上德無爲而無不爲", 言上德之君, 雖行無爲之治, 而其功效則無不爲也. "下德爲之而有不爲", 言下德之君, 雖行有爲之治, 而其結果反有不爲

也. [高明] "下德"一句在此純屬多餘, 絶非老子原文所有, 當爲後人妄增. 驗之韓非子解老篇, 亦只言"上德"、"上仁"、"上義"、"上禮", 而無"下德", 與帛書甲、乙本相同, 足證老子原本卽應如此, 今本多有衍誤.

○ 故失道而後德, 失德而後仁, 失仁而後義, 失義而後禮.

[河上公] 故失道而後德, 言道衰而德化生也. 失德而後仁, 言德衰而仁愛見也. 失仁而後義, 言仁衰而義分明. 失義而後禮, 言義衰則施禮聘行玉帛也. [嚴遵] 帝王根本, 道爲元始. 道失而德次之, 德失而仁次之, 仁失而義次之, 義失而禮次之, 禮失而亂次之. 凡此五者, 道之以一體, 而世主之所長短也. 故所爲非其所欲也, 所求非其所得也, 不務自然而務小薄. [王弼] 不能無爲而貴博施, 不能博施而貴正直, 不能正直而貴飾敬, 所謂失德而後仁、失仁而後義、失義而後禮也. [李約] 上德合道, 故云失道. 下德次之, 此所以有德、有仁、有義、有禮. 旣失上德, 則下德爲繼之. [蔣錫昌] 人君失無爲之道, 而後以德化爲治, 失德化而後以仁愛爲治, 失仁愛而後以分義爲治, 失分義而後以禮敬爲治也.

○ 夫禮者, 忠信之薄也, 而亂之首也.

[嚴遵] 夫禮之爲事也, 中外相違, 華盛而實毀, 末降而本衰. 禮薄於忠, 權輕於威, 信不及義, 德不逮仁, 爲治之末, 爲亂之元, 詐僞所起, 忿爭所因. 故制禮作樂, 改正易服, 進退威儀, 動有常節, 先識來事, 以明得失. 此道之華而德之末, 一時之法, 一隅之術也, 非所以當無窮之世, 通異方之俗者也. 是故禍亂之所由生, 愚惑之所由作也. [王弼] 夫禮也所始, 首於忠信不篤, 通簡不陽. 責備於表, 機微爭制. 夫仁義發於內, 爲之猶僞, 況務外飾而可久乎? 故夫禮者, 忠信之薄, 而亂之首也. [李約] 亂者, 君不君, 臣不臣, 父不父, 子不子也. 忠信者, 道德也. 若以禮比於道德, 誠爲衰薄. 用救於亂, 則舍禮何從. [朴世堂] 爲之而莫之應, 以禮齊之,

而民不從也. [蔣錫昌] 忠信質衰, 則務外飾, 務外飾, 則生詐僞, 生詐僞,
則亂起焉. 是禮實産於忠信之薄, 而爲亂之首. [高明] 按德、仁、義三者,
雖相遞次, 然皆發之於內, 守忠而篤信. 夫禮者, 形之於外, 飾非而行僞.
故曰禮行德喪仁義失. 則質殘文貴, 本廢末興, 詐調日盛, 邪爭生, 因而
謂爲"亂之首".

○ 前識者, 道之華也, 而愚之首也.

[河上公] 不知而言知爲前識. 此人失道之實, 得道之華, 人之愚暗之倡
始. [顧歡] 前識者謂不待研求也, 夫淸靜虛妙, 則深不可識, 無色無象,
其道自眞, 若夫辭說辯贍, 儀形煥炳, 相好森羅, 在前可識, 此非至眞之
實, 乃是大道之華而愚之始. 夫愚人始化, 未見眞實, 故以前識引其愚.
[李約] 前識者, 是先識禮人也. 禮可以悅人之目, 是謂道花也. 古花字,
今華字是也. 適可爲愚者, 檢逸之初也. [司馬光] 世有億度屢中者, 人或
謂之智, 而多言數窮, 未免於愚也. [陳景元] 夫修崇禮敎者智也, 智爲先
見, 故曰前識. 識旣先物, 安能忘懷, 故以智治國國之賊, 豈非道之華而
愚之始乎. 若乃藏識藏智, 何思何慮, 則反其質素矣. 禮煩則亂, 智變則
詐, 此必然之理也. [蔣錫昌] "前識者", 猶言先知者, 卽三章所謂"智者",
六十五章所謂"以智治國"之君. 凡以德爲治, 以仁爲治, 以義爲治之君
皆是也. 下文云, "處其實, 不居其華", "華"、"實"對言, 是"華"卽虛華.
… "夫禮者, 忠信之薄, 而亂之首," 承上句"失義而後禮"言. 此句復承上
文"故失道而後德"三句言. 此老子倒承法也. 苟不明乎此, 則此句將成
節外生枝矣. [高明] 韓非用詹何識牛之例, 批判其不調查, 不硏究, 不遵
循認識規律, 而任憑主觀猜測之浮華虛僞之術, 則對"前識者"解釋的極
其透澈. 今本多作"愚之始", 傳奕同甲、乙本皆作"愚之首". 爾雅釋詁:
"首, 始也." "首"、"始"義同, "首"字當釋爲"始".

○ 是以大丈夫居其厚而不居其薄, 居其實而不居其華.

[河上公] 大丈夫謂得道之君也. 處其厚者, 謂處身於敦樸也. 不處其薄, 不處身違道, 爲世煩亂也. **[顧歡]** 丈, 長也. 夫, 扶也. 謂有勇猛慈救之智, 堪爲群品之長, 以扶護蒼生也. 其志弘普, 故稱大丈夫. 大丈夫當懷道德之厚, 豈處禮義之薄耶. **[陳景元]** 大丈夫者, 有道之士也. 文子曰: 大丈夫恬然無思, 憺然無慮, 行乎無路, 游乎無怠, 出乎無門, 入乎無房, 屬其精神, 偃其知見, 漠然無爲, 而無不爲也. 夫如是, 則所處自然樸厚, 合乎上德也. 居忠信而務誠實, 曷嘗華綺詐僞哉. 是故去彼禮義之淺末, 取此道德之大本也. **[蔣錫昌]** "大丈夫"指上德之君言, "厚"指道言, "薄"指禮言, 此謂上德之君處道不處禮也. … "實"指道言, "華"指智言. "處其實不居其華", 言處道不處智也. "彼"指薄華言, "此"指厚實言. "去彼取此", 言聖人應去禮智而取道也, 此句總結全章之文.

異本

[馬甲] ◇◇◇◇, ◇◇◇◇. ◇◇◇◇◇, ◇◇◇德. 上德無◇◇無以爲也. 上仁爲之◇◇以爲也. 上義爲之而有以爲也. 上禮◇◇◇◇◇◇◇, ◇攘臂而乃(扔)之. 故失道. 失道矣而後德, 失德而後仁, 失仁而後義, ◇義而◇◇. ◇◇◇, ◇◇◇◇◇, 而亂之首也. ◇◇◇, 道之華也, 而愚之首也. 是以大丈夫居其厚而不居其泊(薄), 居其實不居其華. 故去皮(彼)取此. **[馬乙]** 上德不德, 是以有德. 下德不失德, 是以無德. 上德無爲而無以爲也. 上仁爲之而無以爲也. 上德(*義)爲之而有以爲也. 上禮爲之而莫之應也, 則攘臂而乃(扔)之. 故失道而後德, 失德而句(後)仁, 失仁而句(後)義, 失義而句(後)禮. 夫禮者, 忠信之泊(薄)也, 而亂之首也. 前識者, 道之華也, 而愚之首也. 是以大丈夫居其厚不居其泊(薄), 居其實而不居其華. 故去罷(彼)而取此. **[敦五]** 上德不德, 是以有德. 下德不失德, 是以無德. 上德無爲, 而無以爲, 下德爲之, 而有以爲. 上仁爲

之, 而無以爲, 上義爲之, 而有以爲. 上禮爲之, 而莫之應, 則攘臂而仍之. 故失道而後德, 失德而後仁, 失仁而後義, 失義而後禮. 夫禮者, 忠信之薄, 而亂之首. 前識者, 道之華, 而愚之始. 是以大丈夫處其厚, 不處其薄, 居其實, 不居其華. 故去彼取此. **[道藏]** 上德不德, 是以有德. 下德不失德, 是以無德. 上德無爲, 而無以爲. 下德爲之, 而有以爲. 上仁爲之, 而無以爲. 上義爲之, 而有以爲. 上禮爲之, 而莫之應, 則攘臂而扔之. 故失道而後德, 失德而後仁, 失仁而後義, 失義而後禮. 夫禮者, 忠信之薄, 而亂之首. 前識者, 道之華, 而愚之始. 是以大丈夫處其厚, 不處其薄, 處其實, 不處其華. 故去彼取此. **[傅校]** 上德不德, 是以有德. 下德不失德, 是以無德. 上德無爲, 而無不爲. 下德爲之, 而無以爲. 上仁爲之, 而無以爲. 上義爲之, 而有以爲. 上禮爲之, 而莫之應, 則攘臂而仍之. 故失道而後德, 失德而後仁, 失仁而後義, 失義而後禮. 夫禮者, 忠信之薄, 而亂之首也. 前識者, 道之華, 而愚之始也. 是以大丈夫處其厚, 不處其薄, 處其實, 不處其華. 故去彼取此.

49

聖人恒無心, 以百姓之心爲心. 善者善之, 不善者亦善之, 得善也. 信者信之, 不信者亦信之, 得信也. 聖人之在天下, 歙歙焉, 爲天下渾心. 百姓皆注其耳目, 聖人皆孩之.

聖人은 언제나 無心하여, 百姓의 마음으로 제 마음으로 삼는다. 善良한 사람을 善處하고, 善良하지 못한 사람도 또한 善處하여, 善良한 사람을 얻는다. 信實한 사람을 信任하고, 信實하지 못한 사람도 또한 信任하여, 信實한 사람을 얻는다. 聖人이 天下에 계시어 두려워하기로는 天下의 百姓으로 하여금 渾朴하게 하는 것이다. 百姓은 모두 그 耳目을 기울이고, 聖人은 그들을 모두 갓난아이와 같이 여긴다.

○ 聖人恒無心, 以百姓之心爲心.

[河上公] 聖人重改更, 貴因循, 若似無心也. 百姓心之所便, 因而從之. [嚴遵] 聖人建無身之身, 懷無心之心, 有無有之有, 托無存之存, 上含道德之化, 下包萬民之心. 無惡無好, 無愛無憎, 不與兇人爲讎, 不與吉人爲親, 不與誠人爲媾, 不與詐人爲怨. 載之如地, 覆之如天, 明之如日,

化之如神. [王弼] 動常因也. [司馬光] 隨時因物, 應變從道. [陳景元] 聖人體道虛心, 物感斯應, 感旣不一, 故應無常心. 然百姓之心, 常欲安其生而遂其性, 聖人使人人得其所欲者, 豈非以百姓心爲心乎. [李珥] 聖人於天下, 無一毫私心, 只因民心而已. [朴世堂] 無常心, 言可左可右無成心也. 以百姓心爲心, 言人各自有其心, 吾亦各隨其心而爲心, 無兮別彼此善惡之意也. [蔣錫昌] 此言聖人治國, 無常心於有爲, 而任百姓之自化, 故以百姓心爲心也. [張松如] 景龍、敦煌、顧歡數本, 則無"常"字或"恒"字, 全句作"聖人無心, 以百姓心爲心", 此證"常心"二字, 并非老子專用述語.

○ 信者信之, 不信者亦信之, 得信也.

[司馬光] 彼雖不善, 吾自爲善以接之, 不失其善矣. 彼雖不信, 吾自守信以待之, 不失其信矣. [李珥] 人之有生, 同具此理, 聖人之於民, 莫不欲其善信. 故善信者, 吾旣許之, 不善不信者, 亦必敎之, 以善信爲期. 若棄而不敎, 則非所謂德善德信也. 宋徽宗曰: "舜之於象, 所以善信者至矣." [朴世堂] 善者善之, 不善亦善之, 則彼善不善, 皆善我矣. 信者信之, 不信亦信之, 則彼信不信, 皆信我矣. 能以百姓心爲心, 則其效如此, 所謂同於德, 德亦樂得之, 同於失, 失亦樂得之者, 是也.

○ 聖人之在天下, 歙歙焉, 爲天下渾心.

[河上公] 聖人在天下怵怵, 常恐懼富貴, 不敢驕奢. 爲天下渾其心, 言聖人爲天下百姓渾濁其心, 若愚暗不通. [司馬光] 渾其心, 無所間別. [朴世堂] 聖人慄慄爲天下渾其心, 去取好惡不形於色, 而人無賢愚皆注其耳目, 歸向於我, 我皆以嬰孩畜之, 父母之於孩子, 又奚有賢愚善惡之分哉. 所謂如保赤子, 是也. [蔣錫昌] "聖人之在天下, 歙歙焉", 與二十章 "我遇人之心也哉, 沌沌兮.", 句法一律. "沌沌兮", 所以形容聖人渾沌無

知之貌, "歟歟焉", 所以形容聖人儉嗇無欲之狀也.

○ **百姓皆注其耳目, 聖人皆孩之.**

[河上公] 注, 用也. 百姓皆用其耳目爲聖人視聽也. 聖人愛念百姓如嬰孩赤子, 長養之而不責望其報. **[李約]** 百姓皆傾注耳目, 以觀聽聖人從民之欲否. 聖人念而撫之如赤子, 寧忍以事擾之. **[陳景元]** 明者爲視, 聰者爲聽, 皆傾注其耳目, 以效聖人自然之法, 而聖人冕流垂目, 難纊塞耳, 不勞身於聰明, 不察物於幽隱, 撫念蒼生, 皆如赤子, 故曰孩之. **[朴世堂]** 林氏曰, 善不善在彼, 而我常以善待之, 初無分別之心, 則善常在我, 故曰得善矣. 信不信在彼, 而我常以信待之, 初無疑間之心, 則信常在我, 故曰得善矣. **[蔣錫昌]**『晉語』, "若先, 則恐國人之屬耳目於我也, 故不敢." 韋解, "屬, 猶注也." 是注誼同屬, 猶今語所謂注意也. **[高亨]** 孩、咳一字, 因其爲借字, 故亦作駭作恢.『晏子・外篇・第八』: "頸尾咳於天地乎."孫星衍曰: "咳與閡同."亦以咳爲閡.

[馬甲] ◇◇◇◇◇, 以百◇之心爲◇. 善者善之, 不善者亦善◇, ◇◇◇. ◇◇◇◇◇, ◇◇◇◇◇◇, ◇信也. ◇◇之在天下, 愉愉焉, 爲天下渾心. 百姓皆屬耳目焉, 聖人皆咳之. **[馬乙]** ◇人恒無心, 以百省(姓)之心爲心. 善◇◇◇, ◇◇◇◇◇◇, ◇善也. 信者信之, 不信者亦信之, 德(得)信也. 耶(聖)人之在天下也, 欲(歟)欲(歟)焉, ◇◇◇◇◇◇. ◇生(姓)皆注其◇◇◇, ◇◇◇◇◇◇. **[敦五]** 聖人無心, 以百姓心爲心. 善者吾善之, 不善者吾亦善之, 得善. 信者吾信之, 不信者吾亦信之, 得信. 聖人在天下怵怵焉, 天下混心. 而百姓皆注其耳目, 聖人皆孩之. **[道藏]** 聖人無常心, 以百姓心爲心. 善者吾善之, 不善者吾亦善之, 德善. 信者吾信之, 不信者吾亦信之, 德信. 聖人在天下怵怵, 爲天下渾其心. 百姓皆注其耳

目, 聖人皆孩之. **[傅校]** 聖人無常心, 以百姓心爲心. 善者吾善之, 不善者吾亦善之, 得善矣. 信者吾信之, 不信者吾亦信之, 得信矣. 聖人之在天下歙歙焉, 爲天下渾渾焉. 百姓皆注其耳目, 聖人皆咳之.

79

和大怨, 必有餘怨, 安可以爲善. 是以聖人執左契, 而不責於人. 故有德司契, 無德司徹. 天道無親, 恒與善人.

大怨을 갚으면 반드시 뒤따라오는 怨恨이 있으니, 어떻게 怨恨을 훌륭히 갚을 수 있으랴? 聖人은 左契를 쥐고서도 다른 사람에게 아무런 責務를 요구하지 않는다. 有德한 사람은 契約 文書를 살피고, 無德한 사람은 租稅를 살핀다. 天道는 偏愛가 없으니, 언제나 有德한 善人을 돕는다.

○ 和大怨, 必有餘怨, 安可以爲善.

[河上公] 殺人者死, 傷人者刑, 以相和報也. 任刑者失人情, 必有餘怨及於良人. 言一人吁嗟, 則失天心, 安可以和怨爲善也. [嚴遵] 罔以明法, 誅以信刑, 名實有孚, 賞罰得中, 公平無私, 逾失天意, 正直不邪, 益失民心. 刑戮并用而奸益起, 賞深賜重而亂益生. 當此之時, 善人中罔, 賢者陷刑, 雖得名實, 何可善焉. [李約] 怨者, 心氣不平也, 和使其無事也. 若以事和之, 則翻濟其怨. 若翻濟其怨, 則自然爲惡也. [蔣錫昌] 人君不

能淸靜無爲, 而耀光行威, 則民大怨生. 待大怨已生, 而欲修善以和之,
則怨終不滅, 此安可以爲善乎.

○ 是以聖人執左契, 而不責於人.

[河上公] 古者聖人執左契, 合符信也. 無文書法律, 刻契合符以爲信也.
但刻契爲信, 不責人於他事也. [嚴遵] 聖人執道之符, 操德之信, 合之於
我, 不以責人. 故有德之主, 將欲有爲, 必稽之天, 將欲有行, 必驗符信.
求過於我, 不尤於民, 歸禍於己, 不怨於人. 故是非自定, 白黑自分, 未動
而天下應, 未令而萬物然. [李約] 凡左非用事之所也. 契者, 符會之目也.
聖人執心無事, 但思與萬民心氣符同, 適自無怨, 何必責於人也. [蔣錫昌]
左契爲負債人所立, 交債權人收執. 右契爲債權人所立, 交負債人收執.
責者乃債權人以所執左契向負債人索取所欠之謂. … "是以聖人執左
契, 而不責於人", 言聖人執人所交左契而不索其報也. 如此, 則怨且無
由生, 復何和之有乎. [高亨] 『說文』: "責, 求也." 凡貸人者執左契, 貸於
人者執右契. 貸人者可執左契以責貸於人者令其償還. 聖人執左契而不
責於人, 即施而不求報也. [張松如] 『易系辭』注云: "鄭玄曰: '書之于木,
刻其側爲契, 各持其一, 後以相考'." 是知刻木爲契, 剖爲左右, 以便分
執, 至日後再相合以爲符信.

○ 故有德司契, 無德司徹.

[河上公] 有德之君, 司察契信而已. 無德之君, 背其契信, 司人所失.
[嚴遵] 無德之人, 務適情意, 不顧萬民, 政失亂生, 不求於身, 專司民失,
督以嚴刑, 人有過咎, 家有罪名, 百姓怨恨, 天心不平, 其國亂擾, 後世有
殃. [李約] 若善和冤者, 但司與人民會同而已. 若閑和怨者, 則專司事以
明示於民, 怨是用生, 豈云和矣. 徹, 明也. [蔣錫昌] 是"徹"乃周之稅法.
此言有德之君主執左契而不責於人, 無德之君主以收稅爲事. 不責於人,

則怨無由生, 取於人無厭, 則大怨至也. **[高亨]** 七十四章曰: "常有司殺者殺. 夫代司殺者殺, 是謂代大匠斲." 此云司殺, 其義正同. 有德之君仁而多施, 故曰司契. 無德之君暴而多刑, 故曰司殺. 司契者善人, 天之所福, 司殺者不善人, 天之所禍, 故下文曰"天道無親, 常與善人". 以戒人君勿司殺而司契也.

○ 天道無親, 常與善人.

[河上公] 天道無有親疏, 唯與善人, 則與司契同也. **[嚴遵]** 天地之道, 與人俱行, 無適無莫, 無疏無親, 感動相應, 若響與聲, 靜作相隨, 若影與形, 不邪不佞, 正直若常, 造惡與之否, 行善與之通, 柔弱與之相得, 無爲與之合同. **[李珥]** 書曰, 皇天無親, 克敬惟親, 卽此意也. **[蔣錫昌]** "善人"卽指上文有德之君而言. 此言天道無親, 常助善人也. **[高亨]** 『呂氏春秋·樂成』篇: "孰殺子産, 吾其與之." 高注: "與, 助也."

異本

[馬甲] 和大怨, 必有餘怨, 焉可以爲善. 是以聖右介(契), 而不以責於人. 故有德司介(契), ◇德司勶(徹). 夫天道無親, 恒與善人. **[馬乙]** 禾(和)大怨, 必有餘怨, 安可以爲善. 是以耵(聖)人執左芥(契), 而不責於人. 故又(有)德司芥(契), 無德司勶(徹). ◇◇◇◇◇, ◇◇◇◇◇. **[敦五]** 和大怨, 必有餘怨, 安可以爲善. 是以聖人執左契, 不責於人. 故有德司契, 無德司徹. 天道無親, 常與善人. **[道藏]** 和大怨, 必有餘怨, 安可以爲善. 是以聖人執左契, 而不責於人. 故有德司契, 無德司徹. 天道無親, 常與善人. **[傅校]** 和大怨, 必有餘怨, 安可以爲善. 是以聖人執左契, 而不責於人. 故有德司契, 無德司徹. 天道無親, 常與善人.

處 처
卑 비

제6편은 노자 제6장을 첫머리로 삼아 이와 밀접한 관련을 보이는 여타의 장들을 차례로 뽑아 엮었다. 노자 제6장은 "谷神", "玄牝" 등의 상징을 들어서 만물을 낳고 또 낳아 다함이 없는 "道"의 덕성이 특히 '處卑'에 있음을 설명했다. "谷神", "玄牝" 등은 '虛中'을 넘어서 '處卑'를 표상하는 상징이다. '處卑'는 곧 謙虛를 말하니, 이것은 자신을 살리지 않으며 자신을 돌보지 않는 품성이자 또한 모두가 꺼리는 곳에 몸소 머물고자 하는 태도로 표현된다. 이러한 태도와 품성은 그야말로 '다함이 없이 낳고 또 낳는 암컷'[玄牝]으로 상징할 만하다. 노자 제7장、제8장、제42장、제53장、제66장 등은 노자 제6장의 내용과 밀접한 관련을 보인다. 구문을 적시하면 다음과 같다.

6.1. 谷神不死, 是謂玄牝.

> ○ 上善若水. 水善利萬物而不爭, 居衆之所惡, 故幾於道矣. (第8章)

> ○ 人之所惡, 惟孤、寡、不穀, 而王侯以自稱. (第42章)

> ○ 服文采, 帶利劍, 厭飮食, 貨財有餘. 是謂盜夸. 盜夸非道也. (第53章)

> ○ 江海所以爲百谷王, 以其能爲百谷下, 是以能爲百谷王. (第66章)

6.2. 玄牝之門, 是謂天地之根. 緜緜若存, 用之不勤.

> ○ 天地所以能長且久者, 以其不自生也. (第7章)

06

谷神不死, 是謂玄牝. 玄牝之門, 是謂天地之根. 緜緜若存, 用之不勤.

谷神은 死滅하지 않으니, 이것을 곧 玄牝이라고 한다. 玄牝의 門戶, 이것을 곧 天地의 根元이라고 한다. 끊이지 않고 이어져 마치 있는 듯하고 마치 없는 듯하되, 쓸수록 다하지 않는다.

○ 谷神不死, 是謂玄牝.

[嚴遵] 太和妙氣, 妙物若神, 空虛爲家, 寂泊爲常, 出入無竅, 往來無間, 動無不遂, 靜無不成, 化化而不化, 生生而不生也. 牝以雌柔而能生, 玄猶幽遠而不見, 雖子物如母, 莫睹其形. [王弼] 谷神, 谷中央無谷也. 無形無影, 無逆無違, 處卑不動, 守靜不衰, 谷以之成而不見其形, 此至物也. [李約] 人能虛心則物無不應, 如神不離身而長存也. … 此玄牝性柔而靜, 不以外傷內, 所以能制不測之神於身也. 又玄鼻牝口也, 空虛吐納元氣, 爲陰陽之根. [司馬光] 中虛故曰谷, 不測故曰神. 天地有窮而道無窮, 故曰不死. 玄者, 言其微妙. 牝者, 萬物之母. [朴世堂] 谷, 虛也.

神, 妙也. 不死, 猶上章不屈也. 其體虛而其用妙, 故能不屈, 以言道也.
玄卽神, 牝卽谷. **[蔣錫昌]** 老子言"谷"者, 多矣. 如十五章, "曠兮其若谷",
二十八章, "爲天下谷", 三十二章, "譬道之在天下, 猶川谷之於江海",
三十九章, "谷得一以盈", 四十一章, "上德若谷", 誼皆取其空虛深藏,
而未有爲他訓者, 此字當亦同之. **[高亨]** 谷神者, 道之別名也. … 『爾雅
・釋天』: "東風謂之谷風." 邢『疏』引孫炎曰: "谷之言穀, 穀, 生也. 谷
風, 生長之風也." … 玄牝, 亦道之別名也. 玄者, 形而上之義也. 牝者,
能生養之物也. 道爲生天地養萬物之物, 故謂之牝. 道之爲牝, 乃形而上
者, 故謂之玄牝.

○ 玄牝之門, 是謂天地之根.

[嚴遵] 太和之所以生而不死, 始而不終, 開導神明, 爲天地之根元. **[王
弼]** 處卑而不可得名, 故謂天地之根, 綿綿若存, 用之不勤. 門, 玄牝之所
由也. 本其所由, 與極同體, 故謂之天地之根也. **[李約]** 行如玄牝, 可謂得
道之門. 旣得道矣, 則道爲天地之根. **[司馬光]** 天地由之以生. **[朴世堂]** 門
猶衆妙之門. 道乃天地所由生, 故曰根. **[高亨]** 道生天地, 故爲天地根.

○ 緜緜若存, 用之不勤.

[嚴遵] 動靜玄妙, 若亡若存, 成物遂事, 無所不然, 光而不滅. 用之不勤
者, 以其生不生之生, 體無形之形也. **[王弼]** 欲言存邪, 則不見其形, 欲言
亡邪, 萬物以之生, 故綿綿若存也. 無物不成, 用而不勞也, 故曰用而不
勤也. **[李約]** 道體微妙, 綿綿似不能自持, 要今古常在. 雖微妙, 若其應用
也, 未嘗辭倦. **[司馬光]** 微而不絕, 若亡若存, 無物不用, 而未嘗勤勞. **[朴
世堂]** 綿綿, 不已不絕之意. 若存, 若有若亡也. 勤, 勞敝也. **[高亨]** "緜"疑
借爲"昏". 昏古讀若民, 與緜音相近. 昏昏, 猶冥冥也. 不可見之義也.
… 勤, 盡也. 『淮南子・原道』篇: "旋縣而不可究. 纖微而不可勤." 高注:

"勤, 盡也." 此勤有盡義之證.

異本

[馬甲] 浴(谷)神◇死, 是胃(謂)玄牝. 玄牝之門, 是胃(謂)◇地之根. 綿綿呵若存, 用之不堇(勤). [馬乙] 浴(谷)神不死, 是胃(謂)玄牝. 玄牝之門, 是胃(謂)天地之根. 縣縣呵其若存, 用之不堇(勤). [敦五] 谷神不死, 是謂玄牝. 玄牝門, 天地根. 綿綿若存, 用之不勤. [道藏] 谷神不死, 是謂玄牝. 玄牝之門, 是謂天地根. 綿綿若存, 用之不勤. [傅校] 谷神不死, 是謂玄牝. 玄牝之門, 是謂天地之根. 綿綿若存, 用之不勤.

07

經文

天長, 地久. 天地所以能長且久者, 以其不自生也. 故能長生. 是以聖人後其身而身先, 外其身而身存. 不以其無私與. 故能成其私.

諺解

天地는 길이 그대로 남고 오래 그대로 남는다. 天地가 길이 그대로 남고 오래 그대로 남을 수 있는 것은 제 몸을 살리지 않는 까닭이다. 그래서 오래도록 살아남는다. 聖人은 自身의 處地를 뭇사람의 뒤에 놓되 뭇사람보다 앞에 서고, 自身의 生命을 度外로 하되 自身의 生命을 保存한다. 이것은 自私가 없는 까닭이 아니겠는가? 그래서 自私를 이룰 수 있는 것이다.

集注

○ 天地所以能長且久者, 以其不自生也. 故能長生.

[河上公] 天地所以獨能長且久者, 以其安靜自然, 施不求報, 不如世人居處汲汲求自饒之利, 奪人以自與矣. 以其不求生, 故能長生不終也. [王弼] 自生則與物爭, 不自生則物歸也. [李約] 所以長生, 以其不營養其生而得之. [司馬光] 凡有血氣之類, 皆營爲以求生. 惟天地無爲而自生. [陳

景元] 夫天所以長淸, 地所以久寧者, 以其覆載萬物, 長育群村, 而皆資稟於妙本, 反其沖虛, 復其杳冥, 不自矜其生成之功, 而守其常德, 故能長生也. **[朴世堂]** 天地, 生物而不自生, 故能長且久. **[蔣錫昌]** "以其不自生", 言以天地不自私其生也.

○ **是以聖人後其身而身先, 外其身而身存.**

[河上公] 先人而後己. 天下敬之, 先以爲長. 薄己而厚人. 百姓愛之如父母, 敬之如神明, 祐之若赤子, 故身常存也. 聖人爲人所愛, 神明所祐, 非以其公正無私所致乎. 人以私者, 欲以厚己也. 聖人無私而己自厚, 故能成其私也. **[嚴遵]** 聖人威震八表, 聰明四達, 委慮於無欲, 歸計於不爲, 卑身以尊天, 後己以安人, 故不爲而成, 不言而信, 人愿爲主. 故先人逆身以順道, 外己以安人, 功大無外而不可見, 德高如蓋而不可聞, 化與神明通流, 壽與山川爲常, 故存.

○ **不以其無私與. 故能成其私.**

[王弼] 無私者, 無爲於身也. 身先身存, 故曰能成其私也. **[李約]** 所以先於人者, 由善退而致也. 所以不殆者, 爲能自薄也. 夫能不私於己而私於人, 人之私未必成而己之私已成矣. **[司馬光]** 亦不一用力. 衆人之私小, 聖人之私大. 小之至者, 父子乖離, 不能保一身. 大之至者, 蠻夷率服, 享祚百世. **[陳景元]** 天地生育萬物, 而聖人外己全民, 皆不以仁恩自恃, 豈有自私之心乎. 實無私也. 無私故能長能久, 以其長久, 故如能成其私者也. **[朴世堂]** 聖人, 後其身而人皆戴我, 外其身而物不害我, 亦以其爲人而不自爲, 故能先且存. 是則天地、聖人, 皆以無私而成其私也. **[蔣錫昌]** 老子所謂"後其身"、"外其身"者, 卽不爲五色等物質所誘, 不爲榮寵等虛名所迷也. "身先"、"身存"者, 言人不以此等外物害其身, 而後其身乃能長久康健也. "私"通作"厶". 韓非曰, "蒼頡作字, 自營爲厶." 是"無

私"者, 卽不以此等外物自營, 而損及其身也. **[高亨]** "以其無私, 故能成
其私.", 與 "以其不自生, 故能長生."句法一律, 若 增"非邪"二字, 則失
其句例矣.

異本

　[馬甲] 天長, 地久. 天地之所以能◇且久者, 以其不自生也. 故能長生.
是以聲(聖)人芮(退)其身而身先, 外其身而身存. 不以其無◇興(與). 故
能成其私. **[馬乙]** 天長, 地久. 天地之所以能長且久者, 以其不自生也.
故能長生. 是以耵(圣)人退其身而身先, 外其身而身先, 外其身而身存.
不以其無私興(與). 故能成其私. **[敦五]** 天長地久. 天地所以能長久者, 以
其不自生, 故能長久. 是以聖人後其身而身先, 外其身而身存. 以其無
尸, 故能成其尸. **[道藏]** 天長地久. 天地所以能長且久者, 以其不自生,
故能長生. 是以聖人後其身而身先, 外其身而身存. 非以其無私耶. 故能
成其私. **[傅校]** 天長地久. 天地所以能長且久者, 以其不自生, 故能長生.
是以聖人後其身而身先, 外其身而身存. 不以其無私邪. 故能成其私.

08

上善若水. 水善利萬物而不爭, 居衆之所惡, 故幾於道矣.
居善地, 心善淵, 與善仁, 言善信, 政善治, 事善能, 動善時.
夫唯不爭, 故無尤.

上善의 사람은 물처럼 다닌다. 물처럼 萬物을 이롭게 하면서 다투
지 아니하고 모두가 꺼리는 곳에 머물고자 하니, 따라서 道에 가깝다.
處世에 適所하고, 存心에 靜深하고, 交友에 仁慈하고, 敎令에 誠信하
고, 從政에 平正하고, 臨事에 適應하고, 擧動에 適時하다. 다툼이 없는
까닭에 허물이 없는 것이다.

○ 水善利萬物而不爭, 居衆之所惡, 故幾於道矣.

[河上公] 上善之人如水之性. 水在天爲霧露, 在地爲泉. 衆人惡卑濕垢
濁, 水獨靜流居之矣. 水性幾與道同. [嚴遵] 人者, 體柔守弱, 去高處下,
受辱如地, 含垢如海, 言順人心, 身在人後. 人之所惡, 常獨處之, 恬若無
心, 蕩若無己, 變動無常, 與道流止. 去己任因, 莫過於水, 帝王體之,
用之爲治. 其德微妙, 有何憂矣. [王弼] 人惡卑也. 道無水有, 故曰幾.

[李約] 至善人如水性. 物莫不蒙其潤. 而不爭, 善委順也. 夫下流者, 天下之惡歸焉, 人皆避之, 水獨處之. 幾, 近也. [陳景元] 水性平靜, 散潤一切. 天無水則陽旱, 地無水則塵飛. 利澤萬物, 故曰善利, 此一能也. 天下柔弱, 莫過於水, 去實歸虛, 背高趨下, 壅之則止, 次之則流, 聽從於人, 故曰不爭, 此二能也. 人之情惡, 處下流好居上位, 而水則就卑受濁, 處惡不辭, 令物潔白, 獨納汚辱, 處衆人之所惡, 此三能也. [李珥] 董氏曰: "守柔處下, 乃俗之所惡, 而實近於道." [朴世堂] 不爭, 謂其性柔而不忤於物也.

○ 居善地, 心善淵, 與善仁, 言善信, 政善治, 事善能, 動善時.

[陳景元] 至人所居, 善執謙下, 順物自然, 化及鄕黨, 如水在地, 善就卑下, 滋潤群物, 故曰居善地, 此一善也. … 至人之心, 善保虛靜, 洞鑒幽微, 湛然通徹, 如水淵澄, 波流九變, 不失明靜, 故曰心善淵, 此二善也. … 至人動靜, 善觀其時, 出處應機, 能全其道, 如水之動, 善隨時變, 冬凝夏液, 不差其節, 故曰動善時, 此七善也. [朴世堂] 善, 順也. 居不擇而順乎地, 心不操而順乎靜, 與物而順乎仁, 出言而順乎信, 政順乎治, 事順乎能, 動順乎時. 此七者, 皆所以利物而不爭. 與善仁、言善信、政善治、事善能, 利物也. 居善地、心善淵、動善時, 不爭也. 如此則爲無尤矣. [蔣錫昌] "居善地", 言居好下也. 居好下者, 卽六十一章"大者宜爲下"之義. … 『廣雅・釋詁』二, "能, 任也." 二章, "是以聖人處無爲之事", 此卽"事善能"也.

○ 夫唯不爭, 故無尤.

[河上公] 壅之則止, 決之則流, 聽從人也. 水性如是, 故天下無有怨尤水者也. [李約] 尤, 過也, 水性若此, 善人如之, 是以處無過之地也. [司馬光] 爭者, 事之末也. 與物無競, 莫之怨惡, 何過之有. 故特美之. [朴世堂]

章末唯言不爭, 亦猶第二章之意, 擧一而該其二也. **[高亨]** 此章言上善之德也. 若聖人則有不然者. 二章曰"聖人處無爲之事", 是無所謂"事善能"也. 又曰: "行不言之敎." 是無所謂"言善信"也. 五章曰: "聖人不仁, 以百姓爲芻狗." 是無所謂"與善仁"也.

異本

[馬甲] 上善治(似)水, 水善利萬物而有靜(爭), 居衆之所惡, 故幾於道矣. 居善地, 心善瀟(淵), 子善信, 正(政)善治, 事善能, 躄(動)善時. 夫唯不靜(爭), 故無尤. **[馬乙]** 上善如水. 水善利萬物而有爭, 居衆人之所亞(惡), 故幾於道矣. 居善地, 心善淵, 子善天, 言善信, 正(政)善治, 事善能, 動善時. 夫唯不爭, 故無尤. **[敦五]** 上善若水. 水善利萬物又不爭, 處衆人之所悪(惡), 故幾於道. 居善地, 心善渕(淵), 與善仁, 言善信, 政善治, 事善能, 動善時. 夫唯不爭, 故無尤. **[道藏]** 上善若水. 水善利萬物而不爭, 處衆人之所惡, 故幾於道. 居善地, 心善淵, 與善仁, 言善信, 政善治, 事善能, 動善時. 夫惟不爭, 故無尤. **[傅校]** 上善若水. 水善利萬物而不爭, 居衆人之所惡, 故幾於道矣. 居善地, 心善淵, 與善人, 言善信, 政善治, 事善能, 動善時. 夫惟不爭, 故無尤矣.

42

道生一, 一生二, 二生三, 三生萬物. 萬物負陰而抱陽, 沖氣以爲和. 人之所惡, 惟孤、寡、不穀, 而王侯以自稱. 故物或損之而益, 或益之而損. 人之所敎, 亦議而敎人. 强梁者不得其死, 吾將以爲敎父.

道가 混沌의 一氣를 낳고, 一氣의 混沌이 陰陽의 二氣를 낳고, 陰陽의 二氣가 생겨서 混沌의 一氣와 陽氣、陰氣의 三氣를 이루고, 三氣가 萬物을 낳는다. 萬物은 陰氣를 등지고 陽氣를 안으며 沖氣로 調和를 이룬다. 사람이 꺼리는 바는 孤、寡、不穀일 것이나, 王侯는 이로써 自稱을 삼는다. 事物은 때때로 줄이되 오히려 더하게 되고 때때로 더하되 오히려 줄이게 된다. 이것은 남들이 가르쳐 말하는 바이니, 또한 이것을 미루어 남들에게 가르쳐 말한다. 억세고 사나운 이들은 고이 죽지 못하니, 나는 이로써 가르침의 宗旨로 삼는다.

○ 道生一, 一生二, 二生三, 三生萬物.

[河上公] 道始所生者一也. 一生陰與陽. 陰陽生和、淸、濁三氣, 分爲

天、地、人也. 天、地、人共生萬物也. **[嚴遵]** 道虛之虛, 故能生一. **[王弼]** 萬物萬形, 其歸一也. 何由致一. 由於無也. 由無乃一, 一可謂無. **[司馬光]** 自無入有. 分陰分陽. 濟以中和. **[李珥]** 朱子曰: “道卽易之太極, 一乃陽之奇, 二乃陰之耦, 三乃奇耦之積. 其曰二生三, 猶所謂二與一爲三也. 其曰三生萬物, 卽奇耦合而萬物生也.” **[朴世堂]** 老子之道以無爲宗, 故曰道生一. **[蔣錫昌]** 道始所生者一, 一卽道也. 自其名而言之, 謂之道, 自其數而言之, 謂之一. 三十九章, “天得一以淸”, 言天得道以淸也, 此其證也. 然有一卽有二, 有二卽有三, 有三卽有萬, 至是巧曆不能得其窮焉.

○ **萬物負陰而抱陽, 沖氣以爲和.**

[嚴遵] 背陰向陽, 歸柔去剛, 淸靜不動, 心意不作, 而形容修廣性命通達者, 以含和柔弱而道無形也. **[李珥]** 董氏曰: “凡動物之類, 則背止於後, 陰靜之屬也, 口鼻耳目居前, 陽動之屬也. 植物則背寒向煖. 故曰負陰而抱陽, 而沖氣則運乎其間也.” 溫公曰: “萬物莫不以陰陽爲體, 以沖和爲用.” **[蔣錫昌]** 『說文』, “沖, 涌搖也.” 此字老子用以形容化牡相合時, 搖動精氣之狀, 甚爲確切. “氣”指陰陽之精氣而言. “和”者, 陰陽精氣互相調和也.

○ **人之所惡, 惟孤、寡、不穀, 而王侯以自稱.**

[河上公] 孤、寡、不穀者, 不祥之名也, 而王公以爲稱, 處謙卑, 法空虛和柔也. **[李約]** 王公之和氣柔弱, 爲萬物本, 故能以不祥爲稱, 是以爲天下君. **[陳景元]** 孤、寡、不穀者, 柔弱謙卑之稱, 乃流俗之所惡嫌, 獨大人君子取以自謂者, 乃所以有王公之貴耳. **[蔣錫昌]** 十六章, “公乃王, 王乃天.” 彼文“公”、“王”, 卽此文“王公”也. … 上言生生爲道之本, 此言謙下柔弱亦爲道之本. 蓋道能生生, 所以有其生, 君能謙下, 所以守其

生. 上下文詞似若不接, 而義仍相關也.

○ 人之所敎, 亦議而敎人.

[嚴遵] 衆人之敎, 變愚爲智, 化弱爲强, 去微歸顯, 背隱爲彰, 暴寵爭逐, 死於榮名. 聖人之敎則反之, 愚以之智, 辱以之榮, 微以之顯, 隱以之彰, 寡以之衆, 弱以之强. [王弼] 我之非强使人從之也, 而用夫自然, 擧其至理, 順之必吉, 違之必兇. 故人相敎, 違之必自取其兇也, 亦如我之敎人勿違之也. [司馬光] 亦我敎之, 猶言我亦敎之. [朴世堂] 損之而益, 益之而損, 盖古語也. … 古人所以敎人者如此, 我亦以其所敎爲義. [蔣錫昌] 十四章, “執古之道, 以御今之有.” ‘人之所以敎我’, 卽“執古之道”, ‘而亦我之所以敎人’, 卽“以御今之有.” 彼此文字雖異, 其誼一也. ‘人之所以敎我, 而亦我之所以敎人’, 言古人所以敎我者, 我亦以之敎人, 以御今之有也.

○ 强梁者不得其死, 吾將以爲敎父.

[河上公] 父, 始也. 老子以强梁之人爲敎戒之始也. [嚴遵] 强者離道, 梁者去神, 生主以退, 安得長存. 不求於己, 怨命尤天, 聖人悲之, 以爲敎先, 書之竹帛, 明示後人, 終世反之, 故罹其患. [李約] 父, 人之先也. 吾以柔弱之義爲衆敎之先. [朴世堂] 吾將以古人損益之說爲敎之首也.

[馬甲] ◇◇◇, ◇◇◇, ◇◇◇, ◇◇◇◇. ◇◇◇◇◇◇◇, 中氣以爲和. 天下之所惡, 唯孤寡不㝅(穀), 而王公以自名也. 勿(物)或敗(損)之◇◇, ◇之而敗(損). 故人◇◇敎, 夕(亦)議而敎人. 故强良(梁)者不得死, 我◇以爲學父. [馬乙] 道生一, 一生二, 二生三, 三生◇◇. ◇◇◇◇◇◇◇◇, ◇◇以爲和. 人之所亞(惡), 唯孤寡不㝅(穀), 而王公以自◇◇. ◇◇

◇◇◇云(損), 云(損)之而益. ◇◇◇◇, ◇◇◇◇◇. ◇◇◇◇◇◇◇◇,
吾將以◇◇父. **[敦五]** 道生一, 一生二, 二生三, 三生萬物. 萬物負陰而抱
陽, 沖氣以爲和. 人之所惡(惡), 唯孤寡不穀, 而王公以自名. 故物或損
之而益, 益之而損. 人之所敎, 亦我義敎之. 强梁者不得其死, 吾將以將
父. **[道藏]** 道生一, 一生二, 二生三, 三生萬物. 萬物負陰而抱陽, 沖氣以
爲和. 人之所惡, 唯孤寡不穀, 而王公以爲稱. 故物或損之而益, 或益之
而損. 人之所敎, 亦我義敎之. 强梁者不得其死, 吾將以爲敎父. **[傅校]**
道生一, 一生二, 二生三, 三生萬物. 萬物負陰而衰陽, 沖氣以爲和. 人之
所惡, 惟孤寡不穀, 而王侯以自稱也. 故物, 或損之而益, 或益之而損.
人之所以敎我, 亦我之所以敎人. 强梁者不得其死, 吾將以將父.

53

使我介然有知, 行於大道, 惟施是畏. 大道甚夷, 民甚好徑. 朝甚除, 田甚蕪, 倉甚虛. 服文采, 帶利劍, 厭飮食, 貨財有餘. 是謂盜夸. 盜夸非道也.

우리가 흔들리지 않는 깨달음을 가지고 大道를 施行하되, 오직 施行하는 바가 비뚤어질까 두렵다. 大道는 매우 平易하나, 人民은 좁고 빠른 길을 매우 좋아한다. 朝堂은 썩어빠진 무리로 더럽고, 農田은 묵어서 거칠고, 倉庫는 텅 비었다. 그럼에도 빛깔이 좋은 옷을 입고, 날카로운 칼을 차고, 실컷 먹고 마시며, 財貨를 넉넉히 가진다. 이것은 盜賊의 우두머리나 하는 짓이다. 盜賊의 우두머리는 道가 아니다.

○ 使我介然有知, 行於大道, 惟施是畏.

[河上公] 介, 大也. 老子疾時王不行大道, 故設言, 使我介然有知於政事, 我則行於大道, 躬行無爲之化也. 唯, 獨也. 獨畏有所施爲失道意. 欲賞善恐僞善生, 欲信忠恐詐忠起也. [嚴遵] 道釋自然而爲知巧, 則身不能自存, 而何天地之所能造, 陰陽之所能然也. 天地釋自然而爲知巧, 則

身不能自生, 而何變化之所包, 何萬物之所能全. … 人之動作不順於道
者, 道不佑也. 不順於德者, 德不助也. 不順於天者, 天不覆也. 不順於地
者, 地不載也. 夫道德之所不佑助, 天地之所不覆載, 此患禍之所不遠,
而福德之所不近也. **[李約]** 介, 孤介也. 疾時不行正道之道, 故曰若使我
孤介之士有知天下之分, 則使直道大行於天下. 唯, 獨也. 獨施正直, 是
畏衆邪. **[陳景元]** 大道者, 無爲淸靜至公至直之道也. 然而行道者, 必有
所施爲, 施爲簡易, 則導民於淸靜之域, 施爲煩撓, 則引民於貪濁. 獨有
所施爲是可畏, 畏其不合於古道也. **[朴世堂]** 惟施是畏, 言唯其所施於民
者, 固當愼畏也.

○ **大道甚夷, 民甚好徑.**

[河上公] 夷, 平易也. 徑, 邪不平正也. 大道甚平易, 而民好從邪徑也.
[嚴遵] 大道甚夷, 其化無形, 若遠而近, 若晦而明. 平夷而無穢. 要約而易
行, 無爲而成功, 無事而福盈, 天地由之, 萬物以生. 而民背之, 用其聰
明, 任僞廢道, 反地逆天, 尊知貴巧, 欺鬼侮神, 飾治邪淫, 歸僞去眞,
創作改制, 起事逐功. **[司馬光]** 道本簡易, 由人之好鑿, 故失道. **[陳景元]**
亨衢平易, 無往不達, 以其大直, 不患小迂. 而世人欲速, 由於捷徑, 是以
崎嶇迷惑, 不達所趣. **[李珥]** 道若大路, 豈難知而難行哉. 只是民情牽於
私意求捷徑, 而不遵大路耳. **[朴世堂]** 大道甚平, 而人反好經, 舍正理而
從邪欲, 虐下而奉上, 損民而益己.

○ **服文采, 帶利劍, 厭飮食, 貨財有餘.**

[陳景元] 觀資貨常有余, 務多藏珍異, 則知國君好聚斂困民財矣. 仲尼
曰, 百姓不足, 君孰與足. 若聚斂無已, 民力殫竭, 非聖人之道也. **[朱謙
之]** 馬敍倫曰, '朝甚除', '除'借爲'汙', 猶'杇'之作'塗'也. 諸家以除治解
之, 非也. **[高亨]** 除讀爲塗. 『文選·西都賦』李注引『廣雅』"塗, 汙也."

除、塗同聲系, 古通用.

○ **是謂盜夸. 盜夸非道也.**

[王弼] 凡物不以其道得之, 則皆邪也, 邪則盜也. 夸而不以其道得之, 竊位也. 故舉非道以明, 非道則皆盜夸也. [陳景元] 上之七事, 皆用權衍, 非理而陰取民也. 故曰盜. 旣爲盜矣, 猶自夸大, 故曰盜夸而非道也. 所謂唯施是畏, 其在茲乎. [朴世堂] 無非取於民, 以恣其嗜欲者, 可謂不畏於施矣. 乃反以此自爲侈大, 是如盜賊之誇, 其所有豈道也哉. [高亨] "夸"『韓非子・解老』篇引作"竽". … 夸、竽同聲系, 古通用. 據韓說, 盜竽猶今言盜魁也. 竽以樂喻, 魁以斗喻, 其例正同.

異本

[馬甲] 使我擦(挈)有知也, ◇◇大道, 唯◇◇◇. ◇◇甚夷, 民甚好解. 朝甚除, 田甚蕪, 倉甚虛, 服文采, 帶利◇, ◇食, 貨◇◇◇. ◇◇◇◇. ◇◇, ◇◇◇. [馬乙] 使我介有知, 行於大道, 唯他(施)是畏. 大道甚夷, 民甚好僻. 朝甚除, 田甚蕪, 倉甚虛, 服文采, 帶利劍, 猒(厭)食而齎(資)財◇◇. ◇◇盜◇. ◇◇, 非◇也. [敦五] 使我介然有知, 行於大道, 唯施甚畏. 大道甚夷, 民甚好徑. 朝甚除, 田甚苗, 倉甚虛, 服文彩, 帶利劍, 厭飲食, 資貨有餘. 是謂盜夸. 盜夸非道. [道藏] 使我介然有知, 行於大道. 唯施是畏. 大道甚夷, 而民好徑. 朝甚除, 田甚蕪, 倉其虛, 服文采, 帶利劍, 厭飲食, 財貨有餘. 是謂盜夸. 非道哉. [傅校] 使我介然有知, 行於大道, 惟施是畏. 大道甚夷, 而民好徑. 朝甚除, 田甚蕪, 倉甚虛. 服文采, 帶利劍, 厭飲食, 貨財有餘. 是謂盜夸. 盜夸非道也哉.

66

經文

江海所以爲百谷王,　以其能爲百谷下,　是以能爲百谷王.
聖人之在民先也,　以身後之,　其在民上也,　以言下之.　其在
民上,　民不重也,　其在民前,　民不害也.　天下樂推而不厭,　非
以其無爭與.　故天下莫能與之爭.

飜譯

江海는 모든 河川이 흘러드는 곳이니, 그것이 모든 河川의 아래에
있는 까닭에 이래서 모든 河川이 흘러드는 것이다. 聖人이 人民의 앞
에 있음은 自己의 身體를 人民보다 뒤에 두는 까닭이요, 人民의 위에
있음은 自己의 言辭를 人民보다 낮추는 까닭이다. 聖人이 人民의 위
에 있어도 人民은 무겁다고 여기지 않으며, 人民의 앞에 있어도 人民
은 다치게 한다고 여기지 않는다. 天下가 기꺼이 推戴하고자 하여 싫
다고 여기지 않음은 다툼이 없는 까닭이 아니겠는가? 이래서 아무도
그와 더불어 다툴 수 없는 것이다.

集注

○ 江海所以爲百谷王,　以其能爲百谷下,　是以能爲百谷王.

[河上公] 江海以卑下, 故衆流歸之, 若民歸就於王也.　直以就下, 故能

爲百谷王. **[嚴遵]** 卑損之爲道也大矣, 百害不能傷, 知力不能取, 不戰而强, 不威而武, 默然無爲, 與萬物市. 夫溪谷爲卑不爲東西, 故能達而不窮. 江海處下不爲廣大, 故能王而不休. **[顧歡]** 王, 往也. 百谷, 百川也. 言江海所以百川之所歸往者, 以其善居注下之地也. 人能退身謙下, 虛柔容物者, 亦爲蒼生之所歸往也. **[李約]** 江海善居衆流之下, 是以百谷無不臻湊. **[陳景元]** 夫溪谷爲卑, 故能達而不窮, 江海處下, 故能王而不休也. **[朴世堂]** 江海所以能爲衆流所尊者, 以其處衆流之下, 故爲衆流所歸而爲之尊. **[蔣錫昌]** 『說文』, "泉出通川爲谷", 是"百谷"猶百川也. 『說文』, "王, 天下所歸往也.", 是"王"卽歸往之義. 此言江海所以能爲百川歸往者, 以其善居卑下之地, 故能爲百川歸往也.

○ 其在民上, 民不重也, 其在民前, 民不害也.

[河上公] 欲在民之上也. 法江海, 處謙虛. 欲在民之前也. 先人而後己也. 聖人在民上爲主, 不以尊貴虐下, 故民戴仰, 不以爲重. 聖人在民前, 不以光明蔽後, 民親之若父母, 無有傷害之心. **[嚴遵]** 民履之如地, 托之若神, 常在民上, 王土配天. 其欲先人, 處窮寵, 秉至尊, 長生久視, 樂以無患, 則去志無身, 以安萬民, 身勞而民佚, 身後而民先, 在上而民以生, 在前而民以安. 民以生, 故戴之而不以爲重. 民以安, 故後之而不以爲患. 是以天下推而上之, 引而先之, 喜而不倦, 樂而不厭. **[顧歡]** 聖人. 恬淡無爲, 少私寡欲, 處民之上爲君, 而使輕搖薄賦, 無重勞也. … 處物之前而爲君主, 遂使民歌擊壤, 宇內淸夷, 利物弘多, 而無損害. **[李約]** 將欲居於人上, 故先以其言下於人. 將欲居於人先, 故須退身在於人後也. 民皆欣戴, 猶以爲輕. 人皆悅隨焉無加傷. **[陳景元]** 聖人謂能體江海之下流者, 將欲處人之上. 必先以其言下人者, 知滿必招損. 故言則謙柔, 名則孤寡, 而盛德日崇, 大業彌固, 自然爲物所推擧於上矣. **[李珥]** 水固近道, 而江海又水之大者也. 宋徽宗曰: "屯初九曰:'以貴下賤, 大得民也.' 得

其心也. 處上而人不重, 則戴之也懽, 處前而人不害, 則利之者衆. 若是
則無思不服, 故不厭也." 董氏曰: "楊雄曰:'自下者, 人 高之, 自後者,
人先之.' 故天下樂推戴, 而無厭斁之心也." [朴世堂] 自下而上民, 然後可
上於民, 自後而先民, 然後可先於民. 是以卑身而敬人, 則處上而下不以
爲重, 薄己而厚民, 則處前而後不以爲害.

○ **天下樂推而不厭, 非以其無爭與. 故天下莫能與之爭.**

[河上公] 天下無厭聖人之時, 是由聖人不與人爭先後也. 言人皆爭於
有爲, 無有爭於無爲也. [嚴遵] 聖人之王也, 非求民也, 民求之也. 非利民
也, 民利之也. 非尙民也, 民尙之也. 非先民也, 民先之也. 故能極弊通
變, 救衰匡亂, 以至太平, 上配道德, 下及神明, 淪唐唐, 含冥冥, 馳天地,
騁陰陽. 夫何故哉. 以去心意而後其身也. 是故不爭之德, 因人之力, 與
道變化, 與神窮極, 唯棄知者, 能順其則. [顧歡] 所以百姓樂推在前而不
厭倦者, 只爲善能謙和, 不與物爭故也. 旣爲順平等, 是非永息, 誰復與
不爭者爭乎, 故天下莫能與之爭也. [李約] 我以謙德化下, 下皆化之而爲
退讓也. [司馬光] 滿招損, 謙受益. [陳景元] 江海以謙爲德, 而爲百谷所歸
往. 聖人以謙爲德, 而爲天下所先上. 夫聖人豈欲先上哉, 天下樂推而不
厭耳. [朴世堂] 夫惟不重不害所以樂推而不厭也. 若重而難勝, 害而欲去,
則死敗至矣. 豈但不能處上居前而已哉. 此聖人之所以貴於不爭也, 故
天下莫能與之爭, 而歸戴於我矣.

異本

[郭店] 江海所以爲百谷王, 以其能爲百谷下, 是以能爲百谷王. 聖人之
在民㳺也, 以身後之, 其在民上也, 以言下之. 其在民上也, 民弗厚也,
其在民前也, 民弗害也. 天下樂進而弗詁. 以其不爭也, 故天下莫能與之
爭. [馬甲] ◇海之所以能爲百浴(谷)王者, 以其善下之, 是以能爲百浴

(谷)王. 是以聖人之欲上民也, 必以其言下之, 其欲先◇◇, 必以其身後之. 故居前而民弗害也, 居上而民弗重也. 天下樂隼(推)而弗猒(厭)也, 非以其無靜(爭)與. 故◇◇◇◇◇靜(爭). **[馬乙]** 江海所以能爲百浴(谷)◇◇, 以其◇下之也, 是以能爲百浴(谷)王. 是以耴(聖)人之欲上民也, 必以其言下之, 其欲先民也, 必以其身後之. 故居上而民弗重也, 居前而民弗害. 天下皆樂誰(推)而弗猒(厭)也, 不◇其無爭與. 故天下莫能與爭.

[敦五] 江海所以能爲百谷王者, 以其善下之, 故能爲百谷王. 是以聖人欲上民, 以其言下之, 欲先民, 以其身後之. 是以處上其民不重, 處前而民不害. 是以天下樂推而不厭. 以其無爭, 故天下莫能與之爭. **[道藏]** 江海所以能爲百谷王者, 以其善下之, 故能爲百谷王. 是以聖人欲上人, 以其言下之, 欲先人, 以身後之. 是以處上而人不重, 處前而人不害. 是以天下樂推而不厭. 以其不爭, 故天下莫能與之爭. **[傅校]** 江海所以能爲百谷王者, 以其善下之也, 故能爲百谷王. 是以聖人欲上民, 必以其言下之, 欲先民, 必以其身後之. 是以聖人處之上而民弗重, 處之前而民不害也. 是以天下樂推而不猒. 不以其不爭, 故天下莫能與之爭.

부록 1.
백서 노자 갑、을본 대조

編號	甲本	乙本
德01章 今38章	◇◇◇◇◇, ◇◇◇◇◇. ◇◇◇◇◇◇, ◇◇◇◇德. 上德無◇◇無以爲也. 上仁爲之◇◇以爲也. 上義爲之而有以爲也. 上禮◇◇◇◇◇◇◇, ◇攘臂而乃(扔)之. 故失道. 失道矣而後德, 失德而後仁, 失仁而後義, ◇義而◇◇. ◇◇◇, ◇◇◇◇◇, 而亂之首也. ◇◇◇, 道之華也, 而愚之首也. 是以大丈夫居其厚而不居其泊(薄), 居其實不居其華. 故去皮(彼)取此.	上德不德, 是以有德. 下德不失德, 是以無德. 上德無爲而無以爲也. 上仁爲之而無以爲也. 上德(*義)爲之而有以爲也. 上禮爲之而莫之應也, 則攘臂而乃(扔)之. 故失道而後德, 失德而句(後)仁, 失仁而句(後)義, 失義而句(後)禮. 夫禮者, 忠信之泊(薄)也, 而亂之首也. 前識者, 道之華也, 而愚之首也. 是以大丈夫居其厚不居其泊(薄), 居其實而不居其華. 故去罷(彼)而取此.
德02章 今39章	昔之得一者, 天得一以淸, 地得◇以寧, 神得一以霝(靈), 浴(谷)得一以盈, 侯◇◇◇而以爲正. 其致之也, 胃(謂)天母已淸將恐◇, 胃(謂)地母◇◇將恐◇, 胃(謂)神母已霝(靈)將恐歇, 胃(謂)浴(谷)母已盈將將恐渴(竭), 胃(謂)侯王母已貴◇◇◇◇◇. 故必貴而以賤爲本, 必	昔得一者, 天得一以淸, 地得一以寧, 神得一以霝(靈), 浴(谷)得一盈, 侯王得一以爲天下正. 其至也, 胃(謂)天母已淸將恐蓮(裂), 地母已寧將恐發, 神母◇◇◇恐歇, 谷母已◇將渴(竭), 侯王母已貴以高將恐欮(蹶). 故必貴以賤爲本, 必高矣而以下爲基. 夫是以侯王自胃

	高矣而以下爲基. 夫是以侯王自胃(謂)◇孤寡不㝮(谷), 此其賤◇◇與, 非◇. 故致數與(譽)無與(譽). 是故不欲◇◇若玉, 硌硌◇◇.	(謂)孤寡不㝮(谷)此其賤之本與. 非也. 故至數與無與. 是故不欲祿祿若玉, 硌硌若石.
德03章 今41章	◇◇◇◇◇, ◇◇◇◇◇. ◇◇◇◇, ◇◇◇◇◇. ◇◇◇◇. ◇◇, ◇◇◇◇◇. ◇◇◇◇◇ ◇◇◇◇◇. ◇◇◇◇, ◇◇◇◇◇. ◇◇◇◇◇, ◇◇◇◇◇. ◇, ◇◇◇◇ ◇◇◇◇. ◇ ◇◇◇◇ ◇◇◇◇. ◇ ◇. ◇◇◇◇ ◇◇◇◇. ◇ ◇道, 善◇◇◇◇.	上◇◇道, 堇(勤)能行之. 中士聞道, 若存若亡. 下士聞道, 大笑之. 弗笑, ◇◇以爲道. 是以建言有之曰, 明道如費, 進道如退, 夷道如類. 上德如浴(谷), 大白如辱, 廣德如不足, 建德如◇, 質◇◇◇. 大方無毘(隅), 大器免(晚)成, 大音希聲. 天(大)象無刑(形), 道襃無名. 夫唯道, 善始且善成.
德04章 今40章	◇◇◇, 道之動也. 弱也者, 道之用也. 天◇◇◇◇◇◇, ◇◇◇◇◇.	反也者, 道之動也. ◇◇者, 道之用也. 天下之物生於有, 有◇於無.
德05章 今42章	◇◇◇, ◇◇◇, ◇◇◇, ◇◇◇◇. ◇◇◇◇◇◇◇, 中氣以爲和. 天下之所惡, 唯孤寡不㝮(穀), 而王公以自名也. 勿(物)或敗(損)之◇◇, ◇之而敗(損). 故人◇◇敎, 夕(亦)議而敎人. 故强良(梁)者不得死, 我◇以爲學父.	道生一, 一生二, 二生三, 三生◇◇. ◇◇◇◇◇◇, ◇◇以爲和. 人之所亞(惡), 唯孤寡不㝮(穀), 而王公以自◇◇. ◇◇◇◇◇云(損), 云(損)之而益. ◇◇◇◇, ◇◇◇◇◇. ◇◇◇◇◇, 吾將以◇◇父.
德06章 今43章	天下之至柔, ◇騁於天下之致(至)堅. 無有入於無間. 五	天下之至◇, 馳騁乎天下◇◇◇. ◇◇◇◇, ◇◇無間.

	(吾)是以知無爲◇◇益也. 不◇◇敎, 無爲之益, ◇下 希能及之矣.	吾是以◇◇◇◇◇◇◇也. 不 ◇◇◇, ◇◇◇◇, ◇◇◇ ◇◇◇矣.
德07章 今44章	名與身孰親. 身與貨孰多. 得 與亡孰病. 甚◇◇◇◇, ◇ ◇◇◇亡. 故知足不辱, 知 止不殆, 可以長久.	名與◇◇◇. ◇◇◇◇◇. ◇ ◇◇◇◇. ◇◇◇◇◇, ◇ ◇◇◇◇, ◇◇◇◇◇◇ ◇◇◇, ◇◇◇.
德08章 今45章	大成若缺, 其用不幣(敝). 大 盈若盅(沖), 其用不窮(窘). 大直如詘(屈), 大巧如拙, 大 贏如炳. 趮(躁)勝寒, 靚(靜) 勝炅(熱). 請(淸)靚(靜), 可 以爲天下正.	◇◇◇◇, ◇◇◇◇. ◇盈 如沖, 其◇◇◇. ◇◇◇◇, ◇◇◇◇, ◇巧如拙, ◇◇ ◇絀, 趮(躁)朕(勝)寒, ◇◇ ◇. ◇◇◇, ◇◇◇◇◇◇.
德09章 今46章	天下有道, ◇走馬以糞. 天 下無道, 戎馬生於郊. 罪莫 大於可欲, 禍(禍)莫大於不 知足, 咎莫憯於欲得. ◇◇ ◇◇◇, 恒足矣.	◇◇◇道, 卻走馬◇糞. 無 道, 戎馬生於郊. 罪莫大可 欲, 禍◇◇◇◇◇◇, ◇ ◇◇◇◇, ◇◇◇◇◇, ◇ 足矣.
德10章 今47章	不出於戶, 以知天下. 不規 (窺)於牖, 以知天道. 其出 也彌遠, 其◇◇◇. ◇◇◇ ◇◇◇◇, ◇◇◇◇, 弗 爲而◇.	不出於戶, 以知天下. 不 (窺)於◇, ◇知天道. 其出 爾(彌)遠者, 其知爾(彌)◇. ◇◇◇◇◇◇, ◇◇而 名, 弗爲而成.
德11章 今48章	爲◇◇◇◇, ◇◇◇◇◇◇. ◇ ◇◇◇◇, ◇◇◇◇◇, ◇◇ ◇◇◇◇. ◇◇取天下也, 恒 ◇◇, ◇◇◇◇, ◇◇◇◇ ◇◇◇◇.	爲學者日益, 聞道者日云(損), 云(損)之有(又)云(損), 以至 於無◇, ◇◇◇◇◇◇◇. ◇ ◇取天下, 恒無事, 及其有 事也, ◇◇足以取天◇◇.

德12章 今49章	◇◇◇◇◇◇, 以百◇之心爲◇. 善者善之, 不善者亦善◇, ◇◇◇◇. ◇◇◇◇, ◇◇◇◇◇, ◇信也. ◇◇之在天下, 憺憺焉, 爲天下渾心. 百姓皆屬耳目焉, 聖人皆咳之.	◇人恒無心, 以百省(姓)之心爲心. 善◇◇◇, ◇◇◇◇◇◇, ◇善也. 信者信之, 不信者亦信之, 德(得)信也. 耶(聖)人之在天下也, 欱(歙)欱(歙)焉, ◇◇◇◇◇◇. ◇生(姓)皆注其◇◇◇, ◇◇◇◇◇.
德13章 今50章	◇生, ◇◇. ◇◇◇◇有◇, ◇◇徒十有三, 而民生生, 動皆之死地之十有三. 夫何故也. 以其生生也. 蓋◇◇執生者, 陵行不◇矢(兕)虎, 入軍不被甲兵. 矢(兕)無所楒(揣)其角, 虎無所昔(措)其蚤(爪), 兵無所容◇◇, ◇何故也. 以其無死地焉.	◇生入死. 生之◇◇◇◇, ◇之徒十又(有)三, 而民生生, 僮(動)皆之死地之十有三, ◇何故也. 以其生生. 蓋聞善執生者, 陵行不辟(避)兕虎, 入軍不被兵革. 兕無◇◇◇◇◇, ◇◇◇◇其蚤(爪), 兵◇◇◇◇◇, ◇◇◇也. 以其無◇◇◇.
德14章 今51章	道生之而德畜之, 物刑(形)之而器成之. 是以萬物尊道而貴◇. ◇之尊, 德之貴也, 夫莫之时(爵)而恒自然也. 道生之, 畜之, 長之, 遂之, 亭之, ◆之, ◇◇, ◇◇. ◇◇弗有也, 爲而弗寺(恃)也, 長而弗宰也. 此之謂玄德.	道生之, 德畜之, 物刑(形)之, 而器成之. 是以萬物尊道而貴德. 道之尊也, 德之貴也, 夫莫之爵也, 而恒自然也. 道生之, 畜◇, ◇◇, ◇之, 亭之, 毒之, 養之, 復(覆)◇. ◇◇◇◇, ◇◇◇◇, ◇◇弗宰. 是胃(謂)玄德
德15章 今52章	天下有始, 以爲天下母. ◆(旣)得其母, 以知其◇, 復守其母, 沒身不殆. 塞其◆(悶), 閉其門, 終身不董(勤).	天下有始, 以爲天下母. 旣得其母, 以知其子, 旣知其子, 復守其母, 沒身不怡(殆). 塞其垷, 閉其門, 冬(終)身

	갑본	을본
	啟其悶, 濟其事, 終身◇◇. ◇小曰明, 守柔曰强. 用其光, 復歸其明. 毋道(*遺)身央(殃), 是胃(謂)襲常.	不堇(勤). 啟其㙂, 齊其◇, ◇◇不棘. 見小曰明, 守◇◇强. 用◇◇, ◇◇◇◇. ◇遺身央(殃), 是胃(謂)襲常.
德16章 今53章	使我摞(挈)有知也, ◇◇大道, 唯◇◇◇. ◇◇甚夷, 民甚好解. 朝甚除, 田甚蕪, 倉甚虛, 服文采, 帶利◇, ◇食, 貨◇◇◇. ◇◇◇◇. ◇◇, ◇◇◇.	使我介有知, 行於大道, 唯他(施)是畏. 大道甚夷, 民甚好僻. 朝甚除, 田甚蕪, 倉甚虛, 服文采, 帶利劍, 猒(厭)食而齎(資)財◇◇. ◇◇盜◇. ◇◇, 非◇也.
德17章 今54章	善建◇◇拔, ◇◇◇◇◇, 子孫以祭祀◇◇. ◇◇◇, ◇◇◇◇. ◇◇◇, ◇◇◇餘. 修之◇, ◇◇◇. ◇◇◇◇◇◇◇. ◇◇◇◇◇◇◇◇◇. 以身◇身, 以家觀家, 以鄉觀鄉, 以邦觀邦, 以天◇觀◇◇. ◇◇◇◇◇◇◇◇◇. ◇◇.	善建者◇◇, ◇◇◇◇◇◇, 子孫以祭祀不絕. 修之身, 其德乃眞. 修之家, 其德有餘. 修之鄉, 其德乃長. 修之國, 其德乃峯(豐). 修之天下, 其德乃博(溥). 以身觀身, 以家觀◇, ◇◇◇國, 以天下觀天下. 吾何◇知天下之然茲(哉). 以◇.
德18章 今55章	◇◇之厚◇, 比於赤子. 逢(蜂)(蜇)蝝(虺)地(蛇)弗螫, 攫鳥猛獸弗搏. 骨弱筋柔而握固. 未知牝牡◇◇而朘◇, 精◇至也. 終日(*日)號而不◆, 和之至也. 和曰常, 知和(*常)曰明, 益生曰祥, 心使氣曰强. ◇◇卽老, 胃(謂)之不道, 不◇◇◇.	含德之厚者, 比於赤子. 蠭(蜂)癘(蠆)蟲(虺)蛇弗赫(螫), 據鳥孟(猛)獸弗捕(搏), 骨筋弱柔而握固. 未知牝牡之會而朘怒, 精之至也. 冬(終)日號而不嚘, 和◇◇◇. ◇◇◇常, 知常曰明, 益生◇祥, 心使氣曰强. 物◇則老, 胃(謂)之不道, 不道蚤(早)已.

德19章 今56章	◇◇弗言, 言者弗知. 塞其悶, 閉其◇, ◇其光, 同其螢(塵), 坐(挫)其閲(銳), 解其紛, 是胃(謂)玄同. 故不可得而親, 亦不可得而疏, 不可得而利, 亦不可得而害, 不可◇而貴, 亦不可得而淺(賤). 故爲天下貴.	知者弗言, 言者弗知. 塞其垸, 閉其門, 和其光, 同其塵, 銼(挫)其兌(銳)而解其紛. 是胃(謂)玄同. 故不可得而親也, 亦◇◇得而◇, ◇◇得而利, ◇◇◇得而害, 不可得而貴, 亦不可得而賤. 故爲天下貴.
德20章 今57章	以正之(治)邦, 以畸(奇)用兵, 以無事取天下. 吾何◇◇◇◇也戈(哉). 夫天下◇◇諱, 而民彌貧. 民多利器, 而邦家茲(滋)昏. 人多知(智), 而何(奇)物茲(滋)◇. ◇◇◇◇, ◇盜賊◇◇. ◇◇◇◇◇◇◇, 我無爲也, 而民自化. 我好靜, 而民自正. 我無事, 民◇◇. ◇◇◇◇, ◇◇◇◇.	以正之(治)國, 以畸(奇)用兵, 以無事取天下. 吾何以知其然也才(哉). 夫天下多忌諱, 而民彌貧, 民多利器, ◇◇◇◇昏. ◇◇◇◇, ◇◇◇◇. ◇物茲(滋)章, 而盜賊◇◇. 是以◇人之言曰, 我無爲而民自化, 我好靜而民自正, 我無事而民自富, 我欲不欲而民自樸.
德21章 今58章	◇◇◇◇, ◇◇◇◇. 其正(政)察察, 其邦夬(缺)夬(缺). 旤(禍), 福之所倚, 福, 旤(禍)之所伏. ◇◇◇◇◇. ◇◇◇◇, ◇◇◇◇, ◇◇◇◇. ◇◇◇◇, ◇◇◇◇, ◇◇◇◇◇, ◇◇◇◇, ◇◇◇◇.	其正(政)絻(閔)絻(閔), 其民屯屯. 其正(政)察察, 其◇◇◇. 福, ◇之所伏. 孰知其極. ◇无正也, 正◇◇◇, 善復爲◇. ◇之恙(迷)也, 其日固久矣. 是以方而不割, 兼(廉)而不刺, 直而不繼, 光而不眺(耀).
德22章 今59章	◇◇◇◇◇, ◇◇◇. ◇◇◇, ◇◇◇◇◇. ◇◇◇◇◇◇◇.	治人事天, 莫若嗇. 夫唯嗇, 是以蚤(早)服. 蚤(早)服是胃

	◇◇◇◇◇◇◇◇, ◇◇◇◇◇◇◇. ◇◇◇◇◇, 可以有國. 有國之母, 可以長久. 是胃(謂)深槿(根)固氐(柢), 長生久視之道也.	(謂)重積◇. 重◇◇◇◇◇◇, ◇◇◇◇莫知其◇. 莫知其◇, ◇◇有國. 有國之母, 可◇◇久. 是胃(謂)◇根固氐(柢), 長生久視之道也.
德23章 今60章	◇◇◇◇◇◇◇. ◇◇◇天下, 其鬼不神. 非其鬼不神也, 其神不傷人也. 非其申(神)不傷人也, 聖人亦弗傷◇. ◇◇不相◇, ◇德交歸焉.	治大國若亨(烹)小鮮. 以道立(莅)天下, 其鬼不神. 非其鬼不神也, 其神不傷人也. 非其神不傷人也, ◇◇◇弗傷也. 夫兩◇相傷, 故德交歸焉.
德24章 今61章	大邦者, 下流也, 天下之牝. 天下之郊(交)也. 牝恒以靓(靜)勝牡. 爲其靓(靜)◇, ◇宜爲下. 大邦◇下小◇, 則取小邦. 小邦以下大邦, 則取於大邦. 故或下以取, 或下而取. ◇大邦者不過欲兼畜人, 小邦者不過欲入事人. 夫皆得其欲. ◇◇◇◇◇爲下.	大國◇, ◇◇◇◇, ◇◇◇◇牝也. 天下之交也, 牝恒以靜脒(勝)牡. 爲其靜也, 故宜爲下也. 故大國以下◇國, 則取小國. 小國以下大國則取於大國. 故或下◇◇, ◇下而取. 故大國者不◇欲并畜人, 小國不過欲入事人. 夫◇◇其欲, 則大者宜爲下.
德25章 今62章	◇者, 萬物之注也, 善人之葆(寶)也, 不善人之所葆(保)也. 美言可以市, 尊行可以賀(加)人. 人之不善也, 何棄◇有. 故立天子, 置三卿, 雖有共之璧以先四馬, 不善(若)坐而進此. 古之所以貴此者何也. 不胃(謂)◇◇得, 有罪以免興(與). 故爲天下貴.	道者, 萬物之注也, 善人之葆(寶)也, 不善人之所保也. 美言可以市, 尊行可以賀(加)人. 人之不善, 何◇◇◇. ◇立天子, 置三鄕(卿), 雖有◇◇璧以先四馬, 不若坐而進此. 古◇◇◇◇◇◇◇◇◇. 不胃(謂)求以得, 有罪以免與. 故爲天下貴.

德26章 今63章	爲無爲, 事無事, 味無未(味). 大小多少, 報怨以德. 圖難 乎◇◇◇, ◇◇◇◇◇. 天 下之難作於易, 天下之大作 於細. 是以聖人冬(終)不爲 大, 故能◇◇◇. ◇◇◇◇ ◇◇◇, ◇◇必多難, 是◇ ◇人猷(猶)難之, 故冬(終)於 無難.	爲無爲, ◇◇◇, ◇◇◇. ◇ ◇◇◇, ◇◇◇◇. ◇◇ ◇◇◇ ◇◇乎其細也. 天 下之◇◇◇易, 天下之大◇ ◇◇. ◇◇◇◇◇◇◇, ◇ ◇◇◇ 夫輕若(諾)◇◇ 信, 多易必多難, 是以耵(聖) 人◇◇之, 故◇◇◇◇◇.
德27章 今64章	其安也, 易持也. ◇◇◇◇, 易謀◇. ◇◇◇, ◇◇◇. ◇ ◇◇, ◇◇◇. ◇◇◇◇◇ ◇, ◇◇◇◇◇. ◇◇◇◇ ◇, ◇◇毫末. 九成之臺, 作於贏(累)土. 百仁(仞)之高, 台(始)於足下. ◇◇◇◇◇, ◇◇◇◇. ◇◇◇◇也, ◇ 無敗◇, 無執也, 故無失也. 民之從事也, 恒於其成事而 敗之. 故愼終若始, 則◇◇ ◇◇. ◇◇◇◇欲不欲, 而 不貴難得之賑(貨). 學不學, 而復衆人之所過, 能輔萬物 之自◇, ◇弗敢爲.	◇◇◇, ◇◇, ◇◇◇◇, ◇ ◇. ◇◇◇, ◇◇◇. ◇◇◇ ◇◇, ◇◇◇. ◇◇◇◇◇ ◇◇, ◇◇◇. ◇◇◇木, 作 於毫末, 九成之臺, 作於藥 (累)土, 百千之高, 始於足 下. 爲之者敗之, 執者失之. 是以耵(聖)人無爲◇, ◇◇ ◇◇. ◇◇◇, ◇◇◇◇. 民 之從事也, 恒於其成而敗之. 故曰, 愼冬(終)若始, 則無 敗事矣. 是以耵(聖)人欲不 欲, 而不貴難得之貨. 學不 學, 復衆人之所過, 能輔萬 物之自然, 而弗敢爲.
德28章 今65章	故曰, 爲道者非以明民也, 將以愚之也. 民之難◇也, 以 其知(智)也. 故以知(智)知邦, 邦之賊也. 以不知(智)知邦, ◇◇德也. 恒知此兩者, 亦 稽式也. 恒知稽式, 此胃(謂)	古之爲道者, 非以明◇◇, ◇ ◇◇之也. 夫民之難治也, 以 其知(智)也. 故以知(智)知 國, 國之賊也. 以不知(智) 知國, 國之德也. 恒知此兩 者, 亦稽式也. 恒知稽式, 是

	玄德. 玄德深矣, 遠矣, 與物反矣, 乃◇◇◇.	胃(謂)玄德. 玄德深矣, 遠矣, ◇物反也, 乃至大順.
德29章 今66章	◇海之所以能爲百浴(谷)王者, 以其善下之, 是以能爲百浴(谷)王. 是以聖人之欲上民也, 必以其言下之, 其欲先◇◇, 必以其身後之. 故居前而民弗害也, 居上而民弗重也. 天下樂隼(推)而弗猒(厭)也, 非以其無靜(爭)與. 故◇◇◇◇◇靜(爭).	江海所以能爲百浴(谷)◇◇, 以其◇下之也, 是以能爲百浴(谷)王. 是以耴(聖)人之欲上民也, 必以其言下之, 其欲先民也, 必以其身後之. 故居上而民弗重也, 居前而民弗害. 天下皆樂誰(推)而弗猒(厭)也, 不◇其無爭與. 故天下莫能與爭.
德30章 今80章	小邦◆(寡)民, 使十百人之器毋用, 使民重死而遠送(*徙). 有車周(舟)無所乘之, 有甲兵無所陳◇. ◇◇◇◇◇◇用之. 甘其食, 美其服, 樂其俗, 安其居. ◆(鄰)邦相(*望), 雞狗之聲相聞, 民◇◇◇◇◇◇.	小國寡民, 使有十百人器而勿用, 使民重死而遠徙. 又(有)周(舟)車無所乘之, 有甲兵無所陳之. 使民復結繩而用之. 甘其食, 美其服, 樂其俗, 安其居. 娿(鄰)國相望, 雞犬之◇◇聞, 民至老死不相往來.
德31章 今81章	◇◇◇◇◇, ◇◇不◇. ◇者不博, ◇者不知. 善◇◇◇◇, ◇者不善. 聖人無積, ◇以爲人, ◇◇◇◇. ◇◇◇◇◇, ◇◇◇◇◇. ◇◇◇, ◇◇◇◇◇.	信言不美, 美言不信. 知者不博, 博者不知. 善者不多, 多者不善. 耴(聖)人無積, 既以爲人, 己俞(愈)有. 既以子人矣, 己俞(愈)多. 故天之道, 利而不害. 人之道, 爲而弗爭.
德32章 今67章	◇◇◇◇◇◇, ◇◇. 夫唯◇, 故不宵(肖). 若宵(肖), 細久矣. 我恒有三葆(寶), ◆	天下◇謂我大, 大而不宵. 夫唯不宵, 故能大. 若宵(肖)久矣, 其細也夫. 我恒有三

	◆◆之. 一曰茲(慈), 二曰檢(儉), ◇◇◇◇◇◇◇◇◇. ◇◇, ◇◇◇, 儉, 故能廣, 不敢爲天下先, 故能爲成事長. 今舍其茲(慈), 且勇, 舍其後, 且先, 則必死矣. 夫茲(慈), ◇◇則勝, 以守則固. 天將建之, 女(如)以茲(慈)垣之.	琛(寶), 市(持)而琛(寶)之. 一曰茲(慈), 二曰檢(儉), 三曰不敢爲天下先. 夫茲(慈), 故能勇, 檢(儉), 敢(*故)能廣, 不敢爲天下先, 故能爲成器長. 今舍其茲(慈), 且勇, 舍其檢(儉), 且廣, 舍其後, 且先, 則死矣. 夫茲(慈), 以單(戰)則朕(勝), 以守則固. 天將建之, 如以茲(慈)垣之.
德33章 今68章	善爲士者不武, 善戰者不怒, 善勝敵者弗◇, 善用人者爲之下. 是胃(謂)不靜(爭)之德, 是胃(謂)用人, 是胃(謂)天, 古之極也.	故善爲士者不武, 善單(戰)者不怒, 善朕(勝)敵者弗與, 善用人者爲之下. 是胃(謂)不爭◇德, 是胃(謂)用人, 是胃(謂)肥(配)天, 古之極也.
德34章 今69章	用兵有言曰, 吾不敢爲主而爲客, 吾不進寸而芮(退)尺. 是胃(謂)行無行, 襄(攘)無臂, 執無兵, 乃(扔)無敵矣. 飁(禍)莫於(*大)於無適(敵), 無適(敵)斤(近)亡吾吾葆(寶)矣. 故稱兵相若, 則哀者勝矣.	用兵又(有)言曰, 吾不敢爲主而爲客, 不敢進寸而退尺. 是胃(謂)行無行, 攘無臂, 執無兵, 乃(扔)無敵. 禍莫大於無敵, 無敵近亡吾琛(寶)矣. 故抗兵相若, 而依(哀)者朕(勝)◇.
德35章 今70章	吾言甚易知也, 甚易行也, 而人莫之能知也, 而莫之能行也. 言有君, 事有宗. 夫唯無知也, 是以不◇◇. ◇◇◇, ◇我貴矣. 是以聖人被褐而裏(懷)玉.	吾言易知也, 易行也, 而天下莫之能知也, 莫之能行也. 夫言又(有)宗, 事又(有)君. 夫唯無知也, 是以不我知. 知者希, 則我貴矣. 是以耶(聖)人被褐而裏(懷)玉.

德36章 今71章	知不知, 尙矣. 不知不知, 病矣. 是以聖人之不病, 以其◇◇, ◇◇◇◇◇.	知不知, 尙矣, 不知知, 病矣. 是以耶(聖)人之不◇也, 以其病病也, 是以不病.
德37章 今72章	◇◇◇畏畏(威), 則大◇◇◇矣. 母(毋)闍(狎)其所居, 母猒(厭)其所生. 夫唯弗猒(厭), 是◇◇◇. ◇◇◇◇◇◇◇◇◇◇◇, ◇◇而不自貴也. 故去被(彼)取此.	民之不畏畏(威), 則大畏(威)將至矣. 毋伊(狎)其所居, 毋猒(厭)其所生. 夫唯弗猒(厭), 是以不猒(厭). 是以耶(聖)人自知而不自見也, 自愛而不自貴也. 故去罷(彼)而取此.
德38章 今73章	勇於敢者◇◇, ◇於不敢者則栝(活). ◇◇◇◇, ◇◇◇◇. ◇◇◇◇◇, ◇◇◇◇◇. ◇◇◇, ◇◇◇◇◇, 不言而善應, 不召而自來, 彈(坦)而善謀. ◇◇◇◇, ◇◇◇◇◇.	勇於敢則殺, 勇於不敢則栝(活), ◇兩者或利或害. 天之所亞(惡), 孰知其故. 天之道, 不單(戰)而善朕(勝), 不言而善應, 弗召而自來, 單(坦)而善謀. 天罔(網)袿袿, 疏而不失.
德39章 今74章	◇◇◇◇◇◇◇, 奈何以殺思(懼)之也. 若民恒是(*畏)死, 則而爲者吾將得而殺之, 夫孰敢矣. 若民◇◇必畏死, 則恒有司殺者. 夫伐(*代)司殺者殺, 是伐(*代)大匠斲也, 夫伐(*代)大匠斲者, 則◇不傷其手矣.	若民恒且不畏死, 若何以殺瞳(懼)之也. 使民恒且畏死, 而爲畸(奇)者◇得而殺之, 夫孰敢矣. 若民恒且必畏死, 則恒又(有)司殺者. 夫代司殺者殺, 是代大匠斲. 夫代大匠斲, 則希不傷其手.
德40章 今75章	人之飢也, 以其取食逆之多也, 是以飢. 百姓之不治也, 以其上有以爲◇, 是以不治. 民之巠(輕)死, 以其求生之厚也, 是以巠(輕)死. 夫唯無以生爲者, 是賢貴生.	人之飢也, 以其取食跂之多, 是以飢. 百生(姓)之不治也, 以其上之有以爲也, ◇以不治. 民之輕死也, 以其求生之厚也, 是以輕死. 夫唯無以生爲者, 是賢貴生.

德41章 今76章	人之生也柔弱, 其死也蓓仍賢(堅)强. 萬物草木之生也柔脆, 其死也槿(枯)薨(槁). 故曰, 堅强者, 死之徒也. 柔弱微細, 生之徒也. 兵强則不勝, 木强則恒. 强大居下, 柔弱微細居上.	人之生也柔弱, 其死也信堅强. 萬◇◇木之生也柔榇(脆), 其死也槿(枯)槁. 故曰, 堅强, 死之徒也. 柔弱, 生之徒也. ◇以兵强則不胅(勝), 木强則兢. 故强大居下, 柔弱居上.
德42章 今77章	天下◇◇, ◇◇◇者也, 高者印之, 下者擧之, 有餘者敓(損)之, 不足者補之. 故天之道, 敓(損)有◇◇◇◇◇. ◇◇◇◇◇不然, 敓(損)◇◇◇奉有餘. 孰能有餘而有以取奉於天者乎. ◇◇◇◇◇. ◇◇◇◇◇, ◇◇◇◇. ◇◇◇◇見賢也.	天之道, 酉(猶)張弓也, 高者印(抑)之, 下者擧之, 有余(餘)者云(損)之, 不足者◇◇. ◇◇◇◇◇, 云(損)有余(餘)而益不足. 人之道, 云(損)不足而奉又(有)余(餘). 夫孰能又(有)余(餘)而◇◇奉於天者, 唯又(有)道者乎. 是以耶(聖)人爲而弗又(有), 成功而弗居也. 若此其不欲見賢也.
德43章 今78章	天下莫柔◇◇◇, ◇◇堅强者莫之能◇也, 以其無以易◇◇. ◇◇◇◇, ◇勝强, 天◇◇◇◇, ◇◇◇行也. 故聖人之言云, 曰, 受邦之詢(詬), 是胃(謂)社稷之主. 受邦之不祥, 是胃(謂)天下之王. ◇◇若反.	天下莫柔弱於水, ◇◇◇◇◇◇◇◇◇◇, 以其無以易之也. 水之胅(勝)剛也, 弱之胅(勝)强也, 天下莫弗知也, 而◇◇◇◇◇也. 是故耶(聖)人之言云, 曰, 受國之詢(詬), 是胃(謂)社稷之主. 受國之不祥, 是胃(謂)天下之王. 正言若反.
德44章 今79章	和大怨, 必有餘怨, 焉可以爲善. 是以聖右介(契), 而不以責於人. 故有德司介(契),	禾(和)大怨, 必有餘怨, 安可以爲善. 是以耶(聖)人執左芥(契), 而不責於人. 故

	◇德司徽(徹). 夫天道無親, 恒與善人.	又(有)德司芥(契), 無德司徽(徹). ◇◇◇◇, ◇◇◇◇. 德三千卅一.
道01章 今01章	道, 可道也, 非恒道也. 名, 可名也, 非恒名也. 無名, 萬物之始也. 有名, 萬物之母也. ◇恒無欲也, 以觀其眇(妙). 恒有欲也, 以觀其所噭. 兩者同出, 異名同胃(謂). 玄之有(又)玄, 衆眇(妙)之◇.	道, 可道也, ◇◇◇◇. ◇, ◇◇◇, ◇恒名也. 無名, 萬物之始也. 有名, 萬物之母也. 故恒無欲也, ◇◇◇◇◇. 恒又(有)欲也, 以觀其所噭. 兩者同出, 異名同胃(謂). 玄之又玄, 衆眇(妙)之門.
道02章 今02章	天下皆知美爲美, 惡已, 皆知善, 訾(斯)不善矣. 有無之相生也, 難易之相成也, 長短之相刑(形)也, 高下之相盈也, 意(音)聲之相和也, 先後之相隋(隨), 恒也. 是以聲(聖)人居無爲之事, 行◇◇◇◇. ◇◇◇◇◇◇也, 爲而弗志(恃)也, 成功而弗居也. 夫唯居, 是以弗去.	天下皆知美之爲美, 亞(惡)已. 皆知善, 斯不善矣. ◇◇◇◇生也, 難易之相成也, 長短之相刑(形)也, 高下之相盈也, 音聲之相和也, 先後之相隋(隨), 恒也. 是以耵(聖)人居無爲之事, 行不言之敎. 萬物昔(作)而弗始, 爲而弗侍(恃)也, 成功而弗居也. 夫唯弗居, 是以弗去.
道03章 今03章	不上賢, ◇◇◇◇◇. ◇◇◇◇◇◇◇, ◇民不爲◇. 不◇◇◇, ◇民不亂. 是以聲(聖)人之◇◇, ◇◇◇, ◇◇◇, ◇◇◇, 强其骨. 恒使民無知無欲也, 使◇◇◇◇◇◇, ◇◇◇◇◇◇.	不上賢, 使民不爭. 不貴難得之貨, 使民不爲盜. 不見可欲, 使民不亂. 是以耵(聖)人之治也, 虛其心, 實其腹, 弱其志, 强其骨. 恒使民無知無欲也, 使夫知不敢弗爲而已, 則無不治矣.
道04章 今04章	◇◇◇◇◇◇◇盈也. 瀟(淵)呵始(似)萬物之宗. 銼(挫)其	道沖, 而用之有(又)弗盈也. 淵呵佁(似)萬物之宗. 銼(挫)

	◆, 解其紛, 和其光, 同◇◇. ◇◇◇或存. 吾不知◇子也, 象帝之先.	其兌(銳), 解其芬(紛), 和其光, 同其塵. 湛呵佁(似)或存. 吾不知其誰之子也, 象帝之先.
道05章 今05章	天地不仁, 以萬物爲芻狗. 聲(聖)人不仁, 以百省(姓)◇◇狗. 天地◇間, ◇猶橐籥輿(與). 虛而不淈(屈), 踵(動)而俞(愈)出. 多聞數窮, 不若守於中.	天地不仁, 以萬物爲芻狗. 耵(聖)人不仁, ◇百姓爲芻狗. 天地之間, 其猷(猶)橐籥輿(與). 虛而不淈(屈), 動而俞(愈)出. 多聞數窮, 不若守於中.
道06章 今06章	浴(谷)神◇死, 是胃(謂)玄牝. 玄牝之門, 是胃(謂)◇地之根. 綿綿呵若存, 用之不菫(勤).	浴(谷)神不死, 是胃(謂)玄牝. 玄牝之門, 是胃(謂)天地之根. 緜緜呵其若存, 用之不菫(勤).
道07章 今07章	天長, 地久. 天地之所以能◇且久者, 以其不自生也. 故能長生. 是以聲(聖)人芮(退)其身而身先, 外其身而身存. 不以其無◇興(與). 故能成其私.	天長, 地久. 天地之所以能長且久者, 以其不自生也. 故能長生. 是以耵(聖)人退其身而身先, 外其身而身先, 外其身而身存. 不以其無私興(與). 故能成其私.
道08章 今08章	上善治(似)水, 水善利萬物而有靜(爭), 居衆之所惡, 故幾於道矣. 居善地, 心善瀟(淵), 子善信, 正(政)善治, 事善能, 躔(動)善時. 夫唯不靜(爭), 故無尤.	上善如水. 水善利萬物而有爭, 居衆人之所亞(惡), 故幾於道矣. 居善地, 心善淵, 子善天, 言善信, 正(政)善治, 事善能, 動善時. 夫唯不爭, 故無尤.
道09章 今09章	揁(持)而盈之, 不◇◇◇. ◇◇◆之◆之, ◆可長葆之. 金玉盈室, 莫之守也. 貴富而	揁(持)而盈之, 不若其已. 掄(揣)而允之, 不可長葆也. 金玉盈室, 莫之能守也. 貴富

	驕(驕), 自遺咎也. 功述(遂)身芮(退), 天◇◇◇.	而驕, 自遺咎也. 功遂身退, 天之道也.
道10章 今10章	◇◇◇◇◇◇, ◇◇◇◇◇. ◇◇◇◇◇, 能嬰兒乎. 修(滌)除玄藍(鑒), 能毋疵乎. 愛◇◇◇◇◇◇◇. ◇◇◇◇, ◇◇◇◇◇. ◇◇◇◇, ◇◇◇◇◇. 生之, 畜之, 生而弗◇, ◇◇◇◇, ◇◇◇德.	戴營袙(魄)抱一, 能毋離乎. 榑(搏)氣至柔, 能嬰兒乎. 修(滌)除玄監(鑒), 能毋有疵乎. 愛民栝(活)國, 能毋以知乎. 天門啟闔, 能爲雌乎. 明白四達, 能毋以知乎. 生之, 畜之, 生而弗有, 長而弗宰也, 是胃(謂)玄德.
道11章 今11章	卅◇◇◇◇, ◇其無, ◇◇之用◇. 然(埏)埴爲器, 當其無, 有埴器◇◇◇. ◇◇◇, 當其無, 有◇之用也. 故有之以爲利, 無之以爲用.	卅福(輻)同一轂, 當其無, 有車之用也. 燃(埏)埴而爲器, 當其無, 有埴器之用也. 鑿戶牖, 當其無, 有室之用也. 故有之以爲利, 無之以爲用.
道12章 今12章	五色使人目明(*盲), 馳騁田臘(獵)使人◇◇◇, 難得之賞(貨)使人之行方(妨), 五味使人之口唎(爽), 五音使人之耳聾. 是以聲(聖)人之治也, 爲腹不◇◇. 故去罷(彼)耳(*取)此.	五色使人目盲, 馳騁田臘(獵)使人心發狂, 難得之貨使人之行仿(妨). 五味使人之口爽, 五音使人之耳◇. 是以耶(聖)人之治也, 爲腹而不爲目. 故去彼而取此.
道13章 今13章	龍(寵)辱若驚, 貴大梡(患)若身. 苟(何)胃(謂)龍(寵)辱若驚. 龍(寵)之爲下, 得之若驚, 失◇若驚, 是胃(謂)龍(寵)辱若驚. 何胃(謂)貴大梡(患)若身. 吾所以有大	弄(寵)辱若驚, 貴大患若身. 何胃(謂)弄(寵)辱若驚. 弄(寵)之爲下也, 得之若驚, 失之若驚, 是胃(謂)弄(寵)辱若驚. 何胃(謂)貴大患若身. 吾所以有大患者, 爲吾有身也.

	梡(患)者, 爲吾有身也. 及吾無身, 有何梡(患). 故貴爲身於爲天下, 若可以迅(托)天下矣. 愛以身爲天下, 女何(*可)以寄天下.	及吾無身, 有何患. 故貴爲身於爲天下, 若可以橐(託)天下◇. 愛以身爲天下, 女可以寄天下矣.
道14章 今14章	視之而弗見, 名之曰微. 聽之而弗聞, 名之曰希. 揗之而弗得, 名之曰夷. 三者不可至(致)計(詰), 故圂◇◇◇. 一者, 其上不攸, 其下不忽. 尋尋呵不可名也, 復歸於無物. 是胃(謂)無狀之狀, 無物之◇. ◇◇◇◇. ◇◇◇◇◇, ◇而不見其首. 執今之道, 以御今之有. 以知古始, 是胃(謂)◇◇.	視之而弗見, ◇之曰微. 聽之而弗聞, 命(名)之曰希. 揗之而弗得, 命(名)之曰夷. 三者不可至(致)計(詰), 故緄而爲一. 一者, 其上不謬, 其下不忽. 尋尋呵不可命(名)也, 復歸於無物. 是胃(謂)無狀之狀, 無物之象. 是胃(謂)沕(忽)望(恍). 隋(隨)而不見其後, 迎而不見其首. 執今之道, 以御今之有. 以知古始, 是胃(謂)道紀.
道15章 今15章	◇◇◇◇◇◇, ◇◇◇◇◇, 深不可志(識). 夫唯不可志(識), 故强爲之容, 曰, 與呵其若冬◇◇, ◇◇◇◇畏四◇, ◇呵其若客, 渙呵其若淩(凌)澤(釋), ◆呵其若楃(樸), 湷◇◇◇◇ ◇◇◇若浴(谷). 濁而情(靜)之, 余(徐)清. 女(*安)以重(動)之, 余(徐)生. 葆(保)此道不欲盈. 夫唯不欲◇, ◇以能◇◇◇成.	古之◇爲道者, 微眇(妙)玄達, 深不可志(識). 夫唯不可志(識), 故强爲之容, 曰, 與呵其若冬涉水, 猷(猶)呵其畏若四哭(鄰), 嚴呵其若客, 渙呵其若淩(凌)澤(釋), 沌呵其若樸, 湷呵其若濁, 湛呵其若浴(谷). 濁而靜之, 徐清. 女(*安)以重(動)之, 徐生. 葆(保)此道◇◇欲盈. 是以能繁(敝)而不成.

道16章 今16章	至虛極也, 守情(靜)表也. 萬物旁(並)作, 吾以觀其復也. 天物雲雲, 各復歸於其◇, ◇◇. 情(靜), 是胃(謂)復命. 復命, 常也. 知常, 明也. 不知常, 市(妄), 市(妄)作凶. 知常容, 容乃公, 公乃王, 王乃天, 天乃道, ◇◇◇, 沕(沒)身不怠.	至虛極也, 守靜督也. 萬物旁(並)作, 吾以觀其復也. 天物祘(魂)祘(魂), 各復歸於其根, 日靜. 靜, 是胃(謂)復命. 復命, 常也. 知常, 明也. 不知常, 芒(妄), 芒(妄)作凶. 知常容, 容乃公, 公乃王, ◇◇天, 天乃道, 道乃◇, 沒身不殆.
道17章 今17章	大上, 下知有之. 其次, 親譽之. 其次, 畏之. 其下, 母(侮)之. 信不足, 案有不信. ◇◇其貴言也. 成功遂事, 而百省(姓)胃(謂)我自然.	大上, 下知又(有)◇. 其◇, 親譽之. 其次, 畏之. 其下, 母(侮)之. 信不足, 安有不信. 猷(猶)呵其貴言也. 成功遂事, 而百姓胃(謂)我自然.
道18章 今18章	故大道廢, 案有仁義. 知(智)快(慧)出, 案有大僞. 六親不和, 案有畜(孝)茲(慈). 邦家昏亂, 案有貞臣.	故大道廢, 安有仁義. 知(智)慧出, 安有◇◇. 六親不和, 安又(有)孝茲(慈). 國家昏亂, 安有貞臣.
道19章 今19章	絶聲(聖)棄知(智), 民利百負(倍), 絶仁棄義, 民復畜(孝)茲(慈). 絶巧棄利, 盜賊無有. 此三言也, 以爲文未足, 故令之有所屬. 見素抱◇, ◇◇◇◇.	絶耶(聖)棄知(智), 而民利百倍. 絶仁棄義, 而民復孝茲(慈). 絶巧棄利, 盜賤無有. 此三言也, 以爲文未足, 故令之有所屬. 見素抱樸, 少私而寡欲.
道20章 今20章	唯與訶, 其相去幾何. 美與惡, 其相去何若. 人之◇◇, 亦不◇◇◇◇. ◇◇◇◇◇◇. 衆人配(熙)配(熙), 若鄕	唯與呵, 其相去幾何. 美與亞(惡), 其相去何若. 人之所畏, 亦不可以不畏人. 望(恍)呵其未央才(哉). 衆人配

	(饗)於大牢, 而春登臺. 我泊焉未佻(兆), 若◇◇◇◇. 累呵如◇◇◇. ◇◇皆有餘, 我獨遺. 我禺(愚)人之心也, 蠢蠢呵. 鬻(俗)◇◇◇, ◇◇◇臂(昏)呵. 鬻(俗)人蔡(察)蔡(察), 我獨(悶)(悶)呵. 忽呵其若◇, 望(恍)呵其若無所止. ◇◇◇◇◇, ◇◇◇以悝(俚). 吾欲獨異於人, 而貴食母.	(熙)阤(熙), 若鄕(饗)於大牢, 而春登臺. 我博(泊)焉未朓(兆), 若嬰兒未咳. 纍呵佁(似)無所歸. 衆人皆又(有)余(餘). 我愚人之心也, 倍倍呵. 鬻(俗)人昭昭, 我獨若(昏)呵. 鬻(俗)人察察, 我獨閩(閔)閩(閔)呵. 汤(忽)呵其若海, 望(恍)呵若無所止. 衆人皆有以, 我獨門元(頑)以鄙. 吾欲獨異於人, 而貴食母.
道21章 今21章	孔德之容, 唯道是從. 道之物, 唯望(恍)唯忽. ◇◇◇呵, 中有象呵. 望(恍)呵忽呵, 中有物呵. 灣(幽)呵嗚(冥)呵, 中有請(精)吔(*呵). 其請(精)甚眞, 其中◇◇. 自今及古, 其名不去, 以順衆伩(父). 吾何以知衆伩(父)之然. 以此.	孔德之容, 唯道是從. 道之物, 唯望(恍)唯汤(忽). 汤(忽)呵望(恍)呵, 中又(有)象呵. 望(恍)呵汤(忽)呵, 中有物呵. 幼(窈)呵冥呵, 其中有請(精)呵. 其請(精)甚眞, 其中有信. 自今及古, 其名不去, 以順衆父. 吾何以知衆父之然也. 以此.
道22章 今24章	炊者不立, 自視(示)不章, ◇見者不明, 自伐者無功, 自矜者不長. 其在道, 曰, 粽(餘)食贅行. 物或惡之, 故有欲者◇居.	炊者不立, 自視(示)者不章, 自見者不明, 自伐者無功, 自矜者不長. 其在道也, 曰粽(餘)食贅行. 物或亞(惡)之, 故有欲者弗居.
道23章 今22章	曲則金(全), 枉則定(正), 洼則盈, 敝則新, 少則得, 多則惑. 是以聲(聖)人執一, 以	曲則全, 汪(枉)則正, 洼則盈, 襒(敝)則新. 少則得, 多則惑. 是以耶(聖)人執一, 以

	爲天下牧. 不◇視(示)故明, 不自見故章, 不自伐故有功, 弗矜故能長. 夫唯不爭, 故莫能與之爭. 古◇◇◇◇◇◇, ◇語才(哉). 誠金(全)歸之.	爲天下牧. 不自視(示)故章, 不自見也故明, 不自伐故有功, 弗矜故能長. 夫唯不爭, 故莫能與之爭. 古之所胃(謂)曲全者幾語才(哉), 誠全歸之.
道24章 今23章	希言自然. 飄風不冬(終)朝, 暴雨不冬(終)日. 孰爲此. 天地, ◇◇◇◇◇, 又況於◇◇. 故從事而道者同於道, 德(得)者同於德(得), 者(*失)者同於失. 同德(得)◇, 道亦德(得)之. 同於◇者, 道亦失之.	希言自然. 剽(飄)風不冬(終)朝, 暴雨不冬(終)日. 孰爲此. 天地, 而弗能久, 有(又)兄(況)於人乎. 故從事而道者同於道, 德(得)者同於德(得), 失者同於失. 同於德(得)者, 道亦德(得)之. 同於失者, 道亦失之.
道25章 今25章	有物昆成, 先天地生. 繡(寂)呵繆(寥)呵, 獨立◇◇◇, 可以爲天地母. 吾未知其名, 字之曰道. 吾強爲之名曰大. 大曰筮(逝), 筮(逝)曰◇, ◇◇◇. ◇◇, 天大, 地大, 王亦大. 國中有四大, 而王居一焉. 人法地, ◇法◇, 天法◇, ◇法◇◇.	有物昆成, 先天地生. 蕭(寂)呵滲(寥)呵, 獨立而不(改), 可以爲天地母. 吾未知其名也, 字之曰道. 吾強爲之名曰大. 大曰筮(逝), 筮(逝)曰遠, 遠曰反. 道大, 天大, 地大, 王亦大. 國中有四大, 而王居一焉. 人法地, 地法天, 天法道, 道法自然.
道26章 今26章	重爲巠(輕)根, 淸(靜)爲趮(躁)君. 是以君子衆(終)日行, 不離其甾(輜)重. 唯(雖)有環官, 燕處◇◇若. 若何萬乘之王而以身巠(輕)於天下. 巠(輕)則失本, 趮(躁)則失君.	重爲輕根, 靜爲趮(躁)君. 是以君子冬(終)日行, 不遠其甾(輜)重. 雖有環官(館), 燕處則昭若. 若何萬乘之王而以身輕於天下. 輕則失本, 趮(躁)則失君.

道27章 今27章	善行者無勶(轍)迹, ◇言者無瑕適(讁), 善數者不以檮(籌)筭(策). 善閉者無開(關)篇(關)而不可啟也, 善結者◇◇約而不可解也. 是以聲(聖)人恒善㤱(救)人, 而無棄人, 物無棄財. 是胃(謂)㤱明. 故善◇, ◇◇之師, 不善人, 善人之齎(資)也. 不貴其師, 不愛其齎(資). 唯(雖)知(智)乎大眯(迷), 是胃(謂)眇(妙)要.	善行者無達迹, 善言者無瑕適(讁), 善數者不用檮(籌)筅(策). 善閉者無關篇(關)而不可啟也. 善結者無繲約而不可解也. 是以耶(聖)人恒善㤱(救)人, 而無棄人, 物無棄財. 是胃(謂)曳(㤱)明. 故善人, 善人之師, 不善人, 善人之資也. 不貴其師, 不愛其資. 雖知(智)乎大迷, 是胃(謂)眇(妙)要.
道28章 今28章	知其雄, 守其雌, 爲天下溪. 爲天下溪, 恒德不雞(*離). 恒(*德)不雞(*離), 復歸嬰兒. 知其白, 守其辱, 爲天下. 爲天下浴(谷), 恒德乃◇. 德乃◇, ◇◇◇◇. 知其, 守其黑, 爲天下式. 爲天下式, 恒德不貳(忒). 恒德不貳(忒), 復歸於無極. 椹(樸)散◇◇◇, ◇人用則爲官長, 夫大制無割.	知其雄, 守其雌, 爲天下雞(溪). 爲天下雞(溪), 恒德不离(離). 恒德不离(離), 復◇◇◇◇. ◇其白, 守其辱, 爲天下浴(谷). 爲天下浴(谷), 恒德乃足. 恒德乃足, 復歸於樸. 知其白, 守其黑, 爲天下式. 爲天下式, 恒德不貸(忒). 恒德不貸(忒), 復歸於無極. 樸散則爲器, 耶(聖)人用則爲官長, 夫大制無割.
道29章 今29章	將欲取天下而爲之, 吾見其弗得已. 夫天下神器也, 非可爲者也. 爲者敗之, 執者失之. 物或行或隨, 或炅(熱)或吹, 或强或挫, 或壞(培)或撴(墮). 是以聲(聖)人去甚, 去大, 去楮(奢).	將欲取天下而爲之, 吾見其弗得已. 夫天下神器也, 非可爲者也. 爲之者敗之, 執之者失之. 物或行或隋(隨), 或熱, 或砒, 或陪(培)或墮. 是以耶(聖)人去甚, 去大, 去諸(奢).

道30章 今30章	以道佐人主, 不以兵强◇天下. ◇◇◇◇, ◇◇所居, 楚朸(棘)生之. 善者果而已矣, 毋以取强焉. 果而毋驕(驕), 果而勿矜, 果而勿伐, 果而毋得已居, 是胃(謂)◇而不强. 物壯而老, 是胃(謂)之不道, 不道蚤(早)已.	以道佐人主, 不以兵强於天下. 其◇◇◇, ◇◇◇◇◇, ◇棘生之. 善者果而已矣. 毋以取强焉. 果而毋驕, 果而勿矜, 果◇◇伐, 果而毋得已居. 是胃(謂)果而强. 物壯而老, 胃(謂)之不道, 不道蚤(早)已.
道31章 今31章	夫兵者, 不祥之器◇. 物或惡之, 故有欲者弗居. 君子居則貴左, 用兵則貴右. 故兵者非君子之器也. ◇◇不祥之器也, 不得已而用之, 銛襲爲上, 勿美也. 若美之, 是樂殺人也. 夫樂殺人, 不可以得志於天下矣. 是以吉事上左, 喪事上右. 是以便(偏)將軍居左, 上將軍居右, 言以喪禮居之也. 殺人衆, 以悲依(哀)立(莅)之. 戰勝, 以喪禮處之.	夫兵者, 不祥之器也. 物或亞(惡)◇, ◇◇◇◇◇◇. ◇子居則貴左, 用兵則貴右. 故兵者非君子之器. 兵者不祥◇器也, 不得已而用之, 銛懾爲上, 勿美也. 若美之, 是樂殺人也. 夫樂殺人, 不可以得志於天下矣. 是以吉事◇◇, ◇◇◇◇◇. 是以偏將軍居左, 而上將軍居右, 言以喪禮居之也. 殺◇◇, ◇◇◇立(莅)◇. ◇朕(勝)而以喪禮處之.
道32章 今32章	道恒無名, 楃(樸). 唯(雖)◇◇◇◇◇◇◇◇. ◇王若能守之, 萬物將自賓. 天地相谷(合), 以俞甘洛(露). 民莫之◇, ◇◇均焉. 始制有◇, ◇◇◇有, 夫◇◇◇◇. ◇◇, 所以不◇. 俾(譬)道之在天◇◇, ◇◇浴(谷)之與江海也.	道恒無名, 樸. 唯(雖)小而天下弗敢臣. 侯王若能守之, 萬物將自賓. 天地相合, 以俞甘洛(露). ◇◇◇令而自均焉. 始制有名, 名亦旣有, 夫亦將知止. 知止, 所以不殆. 卑(譬)◇◇在天下也, 猷(猶)小浴(谷)之與江海也.

章		
道33章 今33章	知人者, 知(智)也. 自知◇, ◇◇. ◇◇者, 有力也. 自勝 者, ◇◇. ◇◇◇, ◇也. 强 行者, 有志也. 不失其所者, 久也. 死不忘者, 壽也.	知人者, 知(智)也. 自知, 明 也. 朕(勝)人者, 有力也. 自朕 (勝)者, 强也. 知足者, 富也. 强行者, 有志也. 不失其所者, 久也. 死而不忘者, 壽也.
道34章 今34章	道汎◇, ◇◇◇◇◇. ◇◇ 遂事而弗名有也. 萬物歸焉 而弗爲主, 則恒無欲也, 可 名於小. 萬物歸焉◇◇爲主, 可名於大. 是◇聲(聖)人之 能成大也. 以其不爲大也, 故 能成大.	道溲(汎)呵, 其可左右也. 成 功遂◇◇弗名有也. 萬物歸 焉而弗爲主, 則恒無欲也, 可 名於小. 萬物歸焉而弗爲主, 可命(名)於大. 是以耶(聖)人 之能成大也, 以其不爲大也, 故能成大.
道35章 今35章	執大象, ◇◇往. 往而不害, 安平大. 樂與餌, 過格止. 故 道之出言也, 曰談呵其無味 也. ◇◇不足見也. 聽之不 足聞也, 用之不可旣也.	執大象, 天下往. 往而不害, 安平大. 樂與◇, 過格止. 故 道之出言也, 曰淡呵其無味 也. 視之不足見也, 聽之不 足聞也, 用之不可旣也.
道36章 今36章	將欲拾(翕)之, 必古(固)張之. 將欲弱之, ◇◇强之. 將欲 去之, 必古(固)與之. 將欲奪 之, 必古(固)予之. 是胃(謂) 微明. 友(柔)弱勝强, 魚不 脫於㴦(淵), 邦利器不可以 視(示)人.	將欲擒(翕)之, 必古(固)張之. 將欲弱之, 必古(固)强之. 將 欲去之, 必古(固)與之. 將 欲奪之, 必古(固)予◇. 是 胃(謂)微明. 柔弱朕(勝)强. 魚不可說(脫)於淵, 國利器 不可以示人.
道37章 今37章	道恒無名, 侯王若守之, 萬 物將自愬(化). 愬(化)而欲◇, ◇◇◇◇◇名之樞(樸). ◇◇◇無名之樞(樸), 夫將 不辱. 不辱以情(靜), 天地 將自正.	道恒無名, 侯王若能守之, 萬 物將自化. 化而欲作, 吾將 闐(鎭)之以無名之樸. 闐(鎭) 之以無名之樸, 夫將不辱. 不辱以靜, 天地將自正. 道 二千四百廿六.

　　백서 노자 갑、을본은 모두 마왕퇴 한묘 제3호 무덤에서 찾아낸 문서다. 마왕퇴 한묘는 한나라 초기 長沙國 丞相 제1대 軚侯 利蒼(?~B.C.186)의 가족 묘지다. 호남성 장사시 부용구 동쪽 교외 4㎞ 부근에 있다. 제1호、제2호 무덤은 리창과 그의 아내가 묻혔고, 제3호 무덤은 리창의 아들 제2대 대후 利豨가 묻혔다. 1973년 12월, 제3호 무덤에서 역경과 노자 등 다수의 백서가 나왔다. 백서의 대부분은 직사각형으로 접힌 48㎝ 너비의 비단에 적혀 있었다. 손상이 극심한 상태였으나 복원 작업을 거쳐서 모두 28점에 이르는 12만여 문자를 얻었다. 字體、避諱、紀年、墓葬年(B.C.168) 등으로 미루어 볼 때, 백서는 크게 두 가지 부류로 나뉜다. 시기가 전대에 속하는 하나의 부류는 篆書로 쓰였고 한나라 高祖 劉邦(B.C.247~B.C.195)의 이름을 회피하지 않았다. 후대에 속하는 또 하나의 부류는 隸書로 쓰였고 류방의 이름을 회피하여 ‘邦’을 모두 ‘國’으로 바꾸어 적고 있지만, 한나라 惠帝 劉盈(B.C.211~B.C.188)의 이름과 文帝 劉恒(B.C.203~B.C.157)의 이름을 회피하지 않았다. 갑본은 전자에 속하고, 을본은 후자에 속한다.

부록 2.
노자 주요 전승본 대조

編號	燉煌五千文本	道藏無注本
卷上 第01章 體道	道可道, 非常道. 名可名, 非常名. 無名, 天地始. 有名, 萬物母. 常無欲, 觀其妙. 常有欲, 觀所噭. 此兩者同出而異名, 同謂之玄. 玄之又玄, 衆妙之門.	道可道, 非常道. 名可名, 非常名. 無名, 天地之始. 有名, 萬物之母. 常無欲以觀其妙. 常有欲以觀其徼. 此兩者同出而異名. 同謂之玄. 玄之又玄, 衆妙之門.
第02章 養身	天下皆知美之爲美, 斯惡已. 皆知善之爲善, 斯不善已. 有無相生, 難易相成, 長短相形, 高下相傾, 音聲相和, 先後相隨. 是以聖人治, 處無爲之事, 行不言之教. 萬物作而不爲始, 爲而不恃, 成功不處. 夫唯不處, 是以不去.	天下皆知美之爲美, 斯惡已. 皆知善之爲善, 斯不善矣. 故有無之相生, 難易之相成. 長短之相形, 高下之相傾, 音聲之相和, 前後之相隨. 是以聖人處無爲之事, 行不言之教. 萬物作而不辭, 生而不有, 爲而不恃, 功成不居. 夫惟不居, 是以不去.
第03章 安民	不上寶, 使民不爭. 不貴難得貨, 使民不盜. 不見可欲, 使心不亂. 聖人治, 虛其心, 實其腹, 弱其志, 强其骨. 常使民無知無欲, 使知者不敢不爲, 則無不治.	不尙賢, 使民不爭. 不貴難得之貨, 使民不爲盜. 不見可欲, 使心不亂. 是以聖人之治, 虛其心, 實其腹, 弱其志, 强其骨, 常使民無知無欲. 使夫知者不敢爲也, 爲無爲, 則無不治矣.

第04章 無源	道沖而用之又不盈, 淵似萬物之宗. 挫其銳, 解其忿, 和其光, 同其塵, 湛似常存. 吾不知誰子, 象帝之先.	道沖而用之或似不盈, 淵兮似萬物之宗. 挫其銳, 解其紛, 和其光, 同其塵. 湛兮似或存. 吾不知其誰之子, 象帝之先.
第05章 虛用	天地不仁, 以萬物爲芻(蒭)狗. 聖人不仁, 以百姓爲芻(蒭)狗. 天地之間, 其猶橐籥. 虛而不屈, 動而愈出. 多聞數窮, 不如守中.	天地不仁, 以萬物爲芻狗. 聖人不仁, 以百姓爲芻狗. 天地之間其猶橐籥乎. 虛而不屈, 動而愈出. 多言數窮, 不如守中.
第06章 成象	谷神不死, 是謂玄牝. 玄牝門, 天地根. 綿綿若存, 用之不勤.	谷神不死, 是謂玄牝. 玄牝之門, 是謂天地根. 綿綿若存, 用之不勤.
第07章 韜光	天長地久. 天地所以能長久者以其不自生, 故能長久. 是以聖人後其身而身先, 外其身而身存. 以其無尸, 故能成其尸.	天長地久. 天地所以能長且久者, 以其不自生, 故能長生. 是以聖人後其身而身先, 外其身而身存. 非以其無私耶. 故能成其私.
第08章 易性	上善若水. 水善利萬物又不爭, 處衆人之所惡, 故幾於道. 居善地, 心善淵, 與善仁, 言善信, 政善治, 事善能, 動善時. 夫唯不爭, 故無尤.	上善若水. 水善利萬物而不爭, 處衆人之所惡, 故幾於道. 居善地. 心善淵. 與善仁. 言善信. 政善治. 事善能. 動善時. 夫惟不爭, 故無尤.
第09章 運夷	持而滿之, 不若其已. 揣而梲之, 不可長寶. 金玉滿室, 莫之能守. 富貴而◆(驕), 自遺其咎. 名成功遂身退, 天之道.	持而盈之, 不如其已. 揣而銳之, 不可長保. 金玉滿堂, 莫之能守. 富貴而驕, 自遺其咎. 功成名遂身退, 天之道.

第10章 能爲	載營魄抱一, 能無離. 專氣致柔, 能嬰兒. 滌除玄覽, 能無疵. 愛民治國而無知, 明白四達而無爲, 天門開闔而爲雌. 生之畜之, 生而不有, 爲而不恃, 長而不宰, 是謂玄德.	載營魄抱一, 能無離乎. 專氣致柔, 能如嬰兒乎. 滌除玄覽, 能無疵乎. 愛民治國, 能無爲乎. 天門開闔, 能無雌乎. 明白四達, 能無知乎. 生之畜之, 生而不有, 爲而不恃, 長而不宰, 是謂玄德.
第11章 無用	卅輻共一轂, 當其無, 有車之用. 埏殖以爲器, 當其無, 有器之用. 鑿戶牖以爲室, 當其無, 有室之用. 有之以爲利, 無之以爲用.	三十輻共一轂, 當其無, 有車之用. 埏埴以爲器, 當其無, 有器之用. 鑿戶牖以爲室, 當其無, 有室之用. 故有之以爲利, 無之以爲用.
第12章 檢欲	五色令人目盲, 五音令人耳聾, 五味令人口爽, 馳騁田獵(獵)令人心發狂, 難得之貨令人行妨. 是以聖人爲腹不爲目, 故去彼取此.	五色令人目盲, 五音令人耳聾, 五味令人口爽, 馳騁田獵令人心發狂, 難得之貨令人行妨. 是以聖人爲腹不爲目, 故去彼取此.
第13章 厭恥	寵辱若驚, 貴大患若身. 何謂寵辱. 寵爲下, 得之若驚, 失之若驚, 是謂寵辱若驚. 何謂貴大患若身. 吾所以有大患, 爲我有身, 及我無身, 吾有何患. 故貴以身於天下, 若可托天下. 愛以身爲天下, 若可寄天下.	寵辱若驚, 貴大患若身. 何謂寵辱, 寵爲下. 得之若驚, 失之若驚, 是謂寵辱若驚. 何謂貴大患若身, 吾所以有大患者, 爲吾有身, 及吾無身, 吾有何患. 故貴以身爲天下, 若可寄天下. 愛以身爲天下, 若可托天下.
第14章 贊玄	視之不見名曰夷, 聽之不聞名曰希, 搏之不得名曰微. 此三者不可致詰, 故混而爲一. 其上不皦, 其下不忽, 蠅	視之不見名曰夷, 聽之不聞名曰希, 搏之不得名曰微. 此三者不可致詰, 故復混而爲一. 其上不皦, 其下不昧,

	蠅不可名, 復歸於無物. 是無狀之狀, 無物之像, 是謂惚恍. 迎不見其首, 隨不見其後. 執古之道, 以◆(御)今之有. 以知古始, 是謂道紀.	繩繩兮不可名, 復歸於無物. 是謂無狀之狀, 無象之象, 無物之象, 是謂惚恍. 迎之不見其首, 隨之不見其後. 執古之道, 以御今之有, 能知古始, 是謂道紀.
第15章 顯德	古之善爲士者, 微妙玄通, 深不可識. 夫唯不可識, 故强爲之容. 豫若冬涉川, 猶若畏四鄰, 儼若客, 散若冰將汸, 混若樸(樸), 曠若谷, 肫若濁. 濁以靜之徐清, 安以動之徐生. 保此道者, 不欲盈. 夫唯不盈, 能弊復成.	古之善爲士者, 微妙玄通, 深不可識. 夫惟不可識, 故强爲之容. 豫若冬涉川, 猶若畏四鄰, 儼若客, 渙若冰將釋, 敦兮其若樸, 曠兮其若谷, 渾兮其若濁. 孰能濁以澄, 靜之徐清, 孰能安以久, 動之徐生. 保此道者不欲盈. 夫惟不盈, 故能弊不新成.
第16章 歸根	致虛極, 守靜薦(篤). 萬物并作, 吾以觀其復. 夫物云(蕓)云(蕓), 各歸其根. 歸根曰靜, 靜曰復命. 復命曰常, 知常曰明(明). 不知常, 忘(妄)作兇. 知常容, 容能公, 公能生, 生能天, 天能道, 道能久, 沒身不殆.	致虛極, 守靜篤. 萬物并作, 吾以觀其復. 夫物蕓蕓, 各復歸其根. 歸根曰靜, 靜曰復命, 復命曰常, 知常曰明. 不知常, 妄作, 兇. 知常容, 容乃公, 公乃王, 王乃天, 天乃道, 道乃久, 沒身不殆.
第17章 淳風	太上, 下知有之. 其次, 親之譽之. 其次, 畏之侮之. 信不足, 有不信. 猶其貴言. 成功遂事, 百姓謂我自然.	太上, 下知有之. 其次, 親之, 譽之. 其次, 畏之, 侮之. 信不足, 有不信. 猶其貴言. 功成事遂, 百姓謂我自然.

第18章 俗薄	大道廢, 有仁義. 智慧出, 有大僞. 六親不和, 有孝慈. 國家昏亂, 有忠臣.	大道廢, 有仁義. 智慧出, 有大僞. 六親不和, 有孝慈. 國家昏亂, 有忠臣.
第19章 還淳	絕聖棄智, 民利百倍. 絕仁棄義, 民復孝慈. 絕巧棄利, 盜賊無有. 此三言爲文未足, 故令有所屬. 見素抱樸, 少私◆(寡)欲.	絕聖棄智, 民利百倍. 絕仁棄義, 民復孝慈. 絕巧棄利, 盜賊無有. 此三者, 以爲文不足, 故令有所屬. 見素抱樸, 少私寡欲.
第20章 異俗	絕學無憂. 唯之與阿, 相去幾何. 美之與惡, 相去何若. 人之所畏, 不可不畏. 莽其未央. 衆人熙熙, 若亨(享)大牢(牢), 若春登臺. 我魄未兆, 若孾(嬰)兒未孩, 魁無所歸. 衆人皆有余, 我獨若遺. 我愚人之心純純. 俗人照照, 我獨若昏(昏). 俗人察察, 我獨悶悶. 忽若晦, 寂無所止. 衆人皆有已, 我獨頑似鄙. 我欲異於人, 而貴食母.	絕學無憂, 唯之與阿, 相去幾何. 善之與惡, 相去何若. 人之所畏, 不可不畏. 荒兮, 其未央哉. 衆人熙熙, 始享大牢, 如登春臺. 我獨怕兮, 其未兆, 如嬰兒之未孩, 乘乘兮, 若無所歸. 衆人皆有余, 我獨若遺, 我愚人之心也哉. 純純兮, 俗人昭昭, 我獨若昏, 俗人察察, 我獨悶悶. 忽若晦, 飂兮似無所止. 衆人皆有以, 我獨頑似鄙. 我獨異於人, 而貴求食於母.
第21章 虛心	孔德之容, 唯道是從. 道之爲物, 唯恍唯惚. 恍惚中有物, 惚恍中有像, 窈冥中有精, 其精甚眞, 其中有信. 自古及今, 其名不去, 以閱終甫. 吾何以知終甫之然. 以此.	孔德之容, 惟道是從. 道之爲物, 惟恍惟惚, 惚兮恍, 其中有象. 恍兮惚, 其中有物. 窈兮冥, 其中有精. 其精甚眞, 其中有信. 自古及今, 其名不去, 以閱衆甫. 吾何以知衆甫之然哉. 以此.

第22章 益謙	曲則全, 枉則正, 洼則盈, 弊則新. 少則得, 多則或(惑). 是以聖人抱一爲天下式. 不自是, 故章(彰). 不自見, 故明(明). 不自伐, 故有功. 不自矜, 故長. 夫唯不爭, 故莫能與爭. 古之所謂曲則全, 豈虛語. 故成全而歸之.	曲則全, 枉則直, 洼則盈, 弊則新, 少則得, 多則惑. 是以聖人抱一, 爲天下式. 不自見, 故明. 不自是, 故彰. 不自伐, 故有功. 不自矜, 故長. 夫惟不爭, 故天下莫能與之爭. 古之所謂曲則全者, 豈虛言哉. 誠全而歸之.
第23章 虛無	希言自然. 飄風不終朝, 趨雨不終日. 熟(孰)爲此. 天地. 天地尙不能久, 而況於人. 故從事而道者, 道得之. 同於德者, 德得之. 同於失者, 道失之. 信不足, 有不信.	希言自然, 飄風不終朝, 驟雨不終日. 孰爲此者, 天地. 天地尙不能久, 而況於人乎. 故從事於道者, 道者同於道, 德者同於德, 失者同於失. 同於道者, 道亦得之. 同於德者, 德亦得之. 同於失者, 失亦得之. 信不足, 有不信.
第24章 苦思	喘者不久, 跨者不行, 自見不明(明), 自是不彰, 自饒無功, 自矜不長. 其在道, 曰余食餟行, 物有惡之, 故有道不處.	跂者不立, 跨者不行. 自見者不明, 自是者不彰. 自伐者無功, 自矜者不長. 其於道也, 曰. 余食贅行. 物或惡之, 故有道者不處.
第25章 名象	有物混成, 先天地生. 寂漠獨立不改, 周行不殆, 可以爲天下母. 吾不知其名, 字之曰道, 吾强爲之名曰大. 大曰逝, 逝曰遠, 遠曰反. 道大, 天大, 地大, 王大. 域中有四大, 而王處一. 人法地, 地法天, 天法道, 道法自然.	有物混成, 先天地生. 寂兮寥兮, 獨立而不改, 周行而不殆, 可以爲天下母. 吾不知其名, 字之曰道, 强爲之名曰大. 大曰逝, 逝曰遠, 遠曰反. 故道大, 天大, 地大, 王亦大. 域中有四大, 而王居其一焉. 人法地, 地法天, 天法道, 道法自然.

第26章 重德	重爲輕根, 靜爲◆(躁)君. 是以君子終日行, 不離輺(輜)重. 雖有榮觀, 燕處超然. 如何萬乘之主以身輕天下. 輕則失本, ◆(躁)則失君.	重爲輕根, 靜爲躁君. 是以君子終日行不離輜重. 雖有榮觀, 燕處超然. 奈水萬乘之主, 而以身輕天下. 輕則失臣, 躁則失君.
第27章 巧用	善行無徹(轍)跡, 善言無瑕適(謫), 善計不用籌(算), 善閉(閉)無開(關)楗不可開, 善結無繩約不可解. 是以聖人常善救人, 而無棄人. 常善救物, 而無棄物. 是謂襲明(明). 善人, 不善人之師. 不善人, 善人之資. 不貴其師, 不愛其資, 雖智大迷, 此謂要妙.	善行無轍跡. 善言無瑕謫. 善計不用籌策. 善閉無關楗而不可開. 善結無繩約而不可解. 是以聖人常善救人, 故無棄人. 常善披物, 故無棄物. 是謂襲明. 故善人, 不善人之師. 不善人, 善人之資. 不貴其師, 不愛其資, 雖智大迷, 是謂要妙.
第28章 返樸	知其雄, 守其雌, 爲天下奚. 常德不離, 復歸於嬰兒. 知其白, 守其黑, 爲天下式. 常德不貸, 復歸於無極. 知其榮, 守其辱, 爲天下谷. 爲天下谷, 常德乃足, 復歸於樸(樸). 樸(樸)散爲器, 聖人用爲官長, 是以大剒(制)無◆(割).	知其雄, 守其雌, 爲天下溪. 爲天下溪, 常德不離, 復歸於嬰兒. 知其白, 守其黑, 爲天下式. 爲天下式, 常德不忒, 復歸於無極. 知其榮, 守其辱, 爲天下谷. 爲天下谷, 常德乃足, 復歸於樸. 樸散則爲器, 聖人用之, 則爲官長, 故大制不割.
第29章 無爲	將欲取天下而爲之, 吾見其不得已. 天下神器, 不可爲. 爲者敗之, 執者失之. 夫物或行或隨, 或噓或吹, 或强或羸, 或接或墮. 是以聖人去甚, 去奢, 去泰.	將欲取天下而爲之, 吾見其不得已. 天下神器, 不可爲也. 爲者敗之, 執者失之. 故物或行或隨, 或煦或吹, 或强或羸, 或載或隳. 是以聖人去甚, 去奢, 去泰.

第30章 儉武	以道佐人主者, 不以兵强天下, 其事好還. 師之所處, 荊棘生. 故善者果而已, 不以取强. 果而勿◆(驕), 果而勿矜, 果而勿伐, 果而不得已, 是果而勿强. 物壯則老, 謂之非道, 非道早已.	以道佐人主者, 不以兵强天下. 其事好還, 師之所處, 荊棘生焉. 大軍之後, 必有兇年. 故善者果而已, 不敢以取强. 果而勿矜, 果而勿伐, 果而勿驕, 果而不得已, 果而勿强. 物壯則老, 是謂不道, 不道早已.
第31章 偃武	夫佳兵者, 不祥之噐(器), 物或惡之, 故有道不處. 君子居則貴左, 用兵則貴右. 兵者, 不祥之噐(器), 非君子之噐(器), 不得已而用之, 恬惔爲上. 故不美. 若美, 必樂之, 是樂煞人. 夫樂煞者, 不可得意於天下. 故吉事尙左, 喪事尙右. 是以偏將軍居左, 上將軍居右, 言以喪禮處之. 煞人衆多, 以悲哀泣之. 戰勝, 以喪禮處之.	夫佳兵者, 不祥之器. 物或惡之, 故有道者不處. 君子居則貴左, 用兵則貴右. 兵者, 不祥之器, 非君子之器, 不得已而用之. 恬憺爲上. 勝而不美, 而美之者, 是樂殺人. 夫樂殺人者, 不可以得志於天下矣. 故吉事尙左, 兇事尙右, 偏將軍處左, 上將軍處右. 言以喪禮處之. 殺人衆多, 以悲哀泣之. 戰勝, 以喪禮處之.
第32章 聖德	道常無名, 樸雖小, 天下不敢臣. 王侯若能守, 萬物將自賓. 天地相合, 以降甘露, 民莫之令而自均. 始制有名, 名亦旣有, 夫亦將知止, 知止不殆. 譬道在天下, 猶川谷與江海.	道常無名. 樸雖小, 天下不敢臣. 王侯若能守之, 萬物將自賓. 天地相合, 以降甘露, 民莫之令, 而自均. 始制有名. 名亦旣有, 天亦將知之, 知之, 所以不殆. 譬道之在天下, 猶川谷之與江海.
第33章 辯德	知人者智, 自知者明. 勝人有力, 自勝者强. 知足者富,	知人者智, 自知者明. 勝人者有力, 自勝者强. 知足者

	强行有志. 不失其所者久, 死而不亡者壽.	富, 强行者有志. 不失其所者久, 死而不亡者壽.
第34章 任成	大道泛, 其可左右. 萬物恃以生而不辭, 成功不名有. 衣被萬物不爲主, 可名於小. 萬物歸之不爲主, 可名於大. 是以聖人終不爲大, 故能成其大.	大道泛兮, 其可左右. 萬物恃之而生, 而不辭, 功成而不名有. 愛養萬物而不爲主, 常無欲, 可名於小. 萬物歸焉而不爲主, 可名爲大. 是以聖人終不爲大, 故能成其大.
第35章 仁德	執大象, 天下往. 往不◆(害), 安平太. 樂與餌, 過客止. 道出言, 淡無味. 視不足見, 聽不足聞, 用不可旣.	執大象, 天下往. 往而不害, 安平泰. 樂與餌, 過客止. 道之出口, 淡乎其無味. 視之不足見, 聽之不足聞, 用之不可旣.
第36章 微明	將欲翕之, 必固張之. 將欲弱之, 必固强之. 將欲廢之, 必固興之. 將欲棄之, 必固與之. 是謂微明. 柔弱勝剉(剛)强. 魚不可脫於淵, 國有利器, 不可以視人.	將欲翕之, 必固張之. 將欲弱之, 必固强之. 將欲廢之, 必固興之. 將欲奪之, 必固與之. 是謂微明. 柔弱勝剛强. 魚不可脫於淵, 國之利器, 不可以示人.
第37章 爲政	道常無爲, 而無不爲. 王侯若能守, 萬物將自化. 化而欲作, 吾將鎭之以無名之樸(樸). 無名之樸, 亦將不欲. 無欲以靜, 天地自正.	道常無爲, 而無不爲, 侯王若能守之, 萬物將自化. 化而欲作, 吾將鎭之以無名之樸. 無名之樸, 亦將不欲, 不欲以靜, 天下將自正.
卷下 第38章 論德	上德不德, 是以有德. 下德不失德, 是以無德. 上德無爲而無以爲, 下德爲之而有以爲. 上仁爲之而無以爲, 上義爲之而有以爲. 上禮爲之	上德不德, 是以有德. 下德不失德, 是以無德. 上德無爲, 而無以爲. 下德爲之, 而有以爲. 上仁爲之, 而無以爲. 上義爲之, 而有以爲. 上

	而莫之應, 則攘臂而仍之. 故失道而後德, 失德而後仁, 失仁而後義, 失義而後禮. 夫禮者, 忠信之薄而亂之首. 前識者, 道之華而愚之始. 是以大丈夫處其厚, 不處其薄. 居其實, 不居其華. 故去彼取此.	禮爲之, 而莫之應, 則攘臂而仍之. 故失道而後德, 失德而後仁, 失仁而後義, 失義而後禮. 夫禮者, 忠信之薄, 而亂之首也. 前識者, 道之華, 而愚之始. 是以大丈夫處其厚, 不處其薄. 居其實, 不居其華. 故去彼取此.
第39章 法本	昔之得一者, 天得一以淸, 地得一以寧, 神得一以靈, 谷得一以盈, 萬物得一以生, 侯王得一以爲天下正. 其致之, 天無以淸, 將恐裂. 地無以寧, 將恐發. 神無以靈, 將恐歇. 谷無以盈, 將恐竭. 萬物無以生, 將恐滅. 侯王無以貴, 將恐蹶. 故貴以賤爲本, 高以下爲基. 是以王侯自謂孤寡、不谷, 此其以賤爲本耶. 非. 故致數與無譽. 不欲祿祿如玉, 落落如石.	昔之得一者. 天得一以淸. 地得一以寧. 神得一以靈. 谷得一以盈. 萬物得一以生. 侯王得一以爲天下正. 其致之, 天無以淸將恐裂. 地無以寧將恐發. 神無以靈將恐歇. 谷無以盈將恐竭. 萬物無以生將恐滅. 侯王無以貴高將恐蹶. 故貴以賤爲本, 高以下爲基. 是以侯王自謂孤寡、不谷, 此其以賤爲本邪, 非乎. 故致數譽無譽. 不欲琭琭如玉, 珞珞如石.
第40章 去用	反者道之動, 弱者道之用. 天地之物生於有, 有生於無.	反者道之動, 弱者道之用. 天下之物生於有, 有生於無.
第41章 同異	上士聞道, 勤能行. 中士聞道, 若存若亡. 下士聞道, 大唉(笑)之. 不唉(笑)不足以爲道. 是以建言有之. 明道若昧, 進道若退, 夷道若類, 上德若俗, 大白若辱, 廣德若	上士聞道, 勤而行之. 中士聞道, 若存若亡. 下士聞道, 大笑之. 不笑, 不足以爲道. 建言有之, 明道若昧, 進道若退, 夷道若類. 上德若谷, 太白若辱, 廣德若不足, 建

	不足, 建德若偸, 質眞若渝, 大方無隅, 大器晚成, 大音希聲, 大象無形, 道隱無名. 夫唯道, 善貸且成.	德若偸, 質眞若渝. 大方無隅, 大器晚成, 大音希聲, 大象無形. 道隱無名, 夫惟道, 善貸且成.
第42章 道化	道生一, 一生二, 二生三, 三生萬物. 萬物負陰而抱陽, 沖氣以爲和. 人之所惡, 唯孤寡不谷, 而王公以自名. 故物或損之而益, 益之而損. 人之所敎, 亦我義敎之. 强梁者不得其死, 吾將以爲學父.	道生一, 一生二, 二生三, 三生萬物. 萬物負陰而抱陽, 沖氣以爲和. 人之所惡, 惟孤寡、不谷, 而王公以爲稱. 故物, 或損之而益, 益之而損. 人之所敎, 亦我義敎之. 强梁者不得其死, 吾將以爲敎父.
第43章 徧用	天下之至柔, 馳騁天下之至堅. 無有入無間, 是以知無爲有益. 不言之敎, 無爲之益, 天下希及之.	天下之至柔, 馳騁天下之至堅. 無有, 入於無間. 吾是以知無爲之有益. 不言之敎, 無爲之益, 天下希及之.
第44章 立戒	名與身孰(孰)親. 身與貨孰(孰)多. 得與亡孰(孰)病. 是故甚愛必大費, 多藏必厚亡. 故知足不辱, 知止不殆, 可以長久.	名與身, 孰親. 身與貨, 孰多. 得與亡, 孰病. 是故甚愛必大費. 多藏必厚亡. 知足不辱. 知止不殆. 可以長久.
第45章 洪德	大成若缺, 其用不弊. 大滿若沖, 其用不窮. 大直若屈, 大巧若拙, 大辯若訥. ◆(躁)勝寒, 靜勝熱, 淸靜爲天下政.	大成若缺, 其用不敝, 大盈若沖, 其用不窮. 大直若屈, 大巧若拙, 大辯若訥. 躁勝寒, 靜勝熱, 淸靜爲天下正.
第46章 儉欲	天下有道, 卻走馬以糞. 天下無道, 戎馬生於郊. 罪莫大於可欲, 禍莫大於不知足,	天下有道, 卻走馬以糞. 天下無道, 戎馬生於郊. 罪莫大於可欲, 禍莫大於不知足,

	咎莫大甚於欲得. 知足之足, 常足.	咎莫大於欲得. 故知足之足, 常足矣.
第47章 鑒遠	不出戶, 知天下. 不窺牖, 知天道. 其出彌遠, 其知彌少. 是以聖人不行而知, 不見而名, 不爲而成.	不出戶, 知天下. 不窺牖, 見天道. 其出彌遠, 其知彌少. 是以聖人不行而知, 不見而名, 不爲而成.
第48章 忘知	爲學日益, 爲道日損. 損之又損之, 以至於無爲. 無爲無不爲. 取天下常以無事, 及其有事, 不足以取天下.	爲學日益, 爲道日損. 損之又損之, 以至於無爲, 無爲而無不爲. 取天下, 常以無事. 及其有事, 不足以取天下.
第49章 任德	聖人無心, 以百姓心爲心. 善者吾善之, 不善者吾亦善之, 得善. 信者吾信之, 不信者吾亦信之, 得信. 聖人在天下惵惵焉, 天下混心, 而百姓皆注其耳目, 聖人皆孩之.	聖人無常心, 以百姓心爲心. 善者吾善之, 不善者吾亦善之, 德善. 信者吾信之, 不信者吾亦信之, 德信. 聖人之在天下惵惵, 爲天下渾其心. 百姓皆注其耳目, 聖人皆孩之.
第50章 貴生	出生入死. 生之徒什有三, 死之徒什有三, 人之生, 動之死地, 什有三. 夫何故. 以其生生之厚. 蓋聞善攝生者, 陸行不愚(遇)兕虎, 入軍不被甲兵. 兕無所駐其角, 虎無所錯(措)其爪, 兵無所容其刃. 夫何故. 以其無死地.	出生入死, 生之徒十有三, 死之徒十有三, 人之生, 動之死地, 亦十有三. 夫何故, 以其生生之厚. 蓋聞善攝生者, 陸行不遇兕虎, 入軍不被甲兵. 兕無所投其角, 虎無所措其爪, 兵無所容其刃. 夫何故. 以其無死地.
第51章 養德	道生之, 德畜之, 物形之, 埶(熟)成之. 是以萬物尊道貴德. 道尊德貴, 夫莫之爵而	道生之, 德畜之. 物形之, 勢成之. 是以萬物莫不尊道而貴德. 道之尊, 德之貴, 夫莫

	常自然. 故道生之畜之, 長之育之, 成之熟(熟)之, 養之覆(覆)之. 生而不有, 爲而不恃, 長而不宰, 是謂玄德.	之爵, 而常自然. 故道生之, 畜之, 長之, 育之, 成之, 熟之, 養之, 覆之. 生而不有, 爲而不恃, 長而不宰, 是謂玄德.
第52章 歸元	天下有始, 以爲天下母. 旣得其母, 以知其子. 旣知其子, 復守其母, 沒身不殆. 塞其兌, 閉其門, 終身不勤. 開其兌, 濟其事, 終身不救. 見小曰明, 用柔曰强. 用其光, 復歸其明. 無遺身殃, 是謂襲常.	天下有始, 以爲天下母. 旣得其母, 以知其子. 旣知其子, 復守其母. 沒身不殆. 塞其兌, 閉其門, 終身不勤. 開其兌, 濟其事, 終身不救. 見小曰明, 守柔曰强. 用其光, 復歸無明, 無遺身殃, 是謂襲常.
第53章 益證	使我介然有知, 行於大道, 唯施甚畏. 大道甚夷, 民甚好徑. 朝甚除, 田甚苗, 倉甚虛, 服文彩, 帶利劍, 厭飮食, 資貨有余, 是謂盜夸. 盜夸非道.	使我介然有知, 行於大道, 惟施是畏. 大道甚夷, 而民好徑. 朝甚除, 田甚蕪, 倉甚虛. 服文采, 帶利劍, 厭飮食, 財貨有余. 是謂盜夸, 非道也哉.
第54章 修觀	善建不拔, 善抱不脫, 子孫祭祀不輟. 修之身, 其德能眞. 修之家, 其德能有余. 修之鄉, 其德能長. 修之國, 其德能豐. 修之天下, 其德能普. 故以身觀身, 以家觀家, 以鄉觀鄉, 以國觀國, 以天下觀天下. 吾何以知天下之然. 以此.	善建者不拔, 善抱者不脫. 子孫祭祀不輟. 修之身, 其德乃眞. 修之家, 其德乃余. 修之鄉, 其德乃長. 修之國, 其德乃豐. 修之天下, 其德乃普. 故以身觀身, 以家觀家, 以鄉觀鄉, 以國觀國, 以天下觀天下. 吾何以知天下之然哉, 以此.

第55章 玄符	含德之厚, 比於赤子. **毒蟲**不螫, 鳥猛狩不獱. 骨弱筋柔而握固, 未知牝牡之合而朘作, 精之至. 終日號而不嗄, 和之至. 知和日常, 知常日明. 益生日詳, 心使氣日强. 物壯則老, 謂之非道, 非道早已.	含德之厚, 比於赤子. **毒蟲**不螫, 猛獸不據, 攫鳥不搏. 骨弱筋柔而握固. 未知牝牡之合而朘作, 精之至也. 終日號而嗌不嗄, 和之至也. 知和日常, 知常日明, 益生日祥, 心使氣日强. 物壯則老, 是謂不道, 不道早已.
第56章 玄德	知者不言, 言者不知. 塞其兌, 閉其門, 挫其銳, 解其忿, 和其光, 同其塵, 是謂玄同. 故不可得親, 不可得疏, 不可得利, 不可得害, 不可得貴, 不可得賤. 故爲天下貴.	知者不言, 言者不知. 塞其兌, 閉其門, 挫其銳, 解其紛, 和其光, 同其塵, 是謂玄同. 故不可得而親, 不可得而疏, 不可得而利, 不可得而害, 不可得而貴, 不可得而賤, 故爲天下貴.
第57章 淳風	以政之國, 以奇用兵, 以無事取天下. 吾何以知天下之然. 以此. 天下多忌諱, 而民彌貧. 民多利器, 國家滋昏(昏). 民多知巧, 奇物滋起. 法物滋彰, 盜賊多有. 故聖人云. 我無爲民自化, 我無事民自富, 我好靜民自政, 我無欲民樸.	以正治國, 以奇用兵, 以無事取天下. 吾何以知天下其然哉. 以此. 天下多忌諱, 而民彌貧. 人多利器, 國家滋昏. 人多伎巧, 奇物滋起. 法令滋彰, 盜賊多有. 故聖人云. 我無爲, 而民自化. 我無事, 而民自富. 我好靜, 而民自正. 我無欲, 而民自樸.
第58章 順化	其政悶悶, 其民蠢蠢. 其政察察, 其民缺缺. 禍, 福之所倚. 福, 禍之所伏. 熟(孰)知其極. 其無政. 政復爲奇, 善復爲訞. 人之迷, 其日固久.	其政悶悶, 其民淳淳, 其政察察, 其民缺缺. 禍兮福所倚, 福兮禍所伏. 孰知其極, 其無正邪. 正復爲奇, 善復爲祅. 民之迷, 其日固久. 是

	方而不割, 廉而不穢, 直而 不肆, 光而不耀.	以聖人方而不割, 廉而不劌, 直而不肆, 光而不耀.
第59章 守道	治人事天, 莫若式. 夫唯式, 是以早伏. 早伏謂之重積德, 重積德則無不克. 無不克, 莫知其極. 能知其極, 可以 有國. 有國之母, 可以長久. 是以深根固蒂, 長生久視之 道.	治人事天, 莫若嗇. 夫惟嗇, 是謂早復. 早復謂之重積德. 重積德, 則無不克. 無不克, 則莫知其極. 莫知其極, 可 以有國. 有國之母, 可以長 久. 是謂深根固蒂, 長生久 視之道.
第60章 居位	治大國, 若烹小腥. 以道莅 天下, 其鬼不神. 非其鬼不 神, 其神不傷人. 非其神不 傷人, 聖人亦不傷人. 夫兩 不相傷, 故得交歸.	治大國, 若烹小鮮. 以道莅 天下, 其鬼不神. 非其鬼不 神, 其神不傷民. 非其神不 傷民, 聖人亦不傷民. 夫兩 不相傷, 故德交歸焉.
第61章 謙德	大國者下流, 天下之郊. 天 下之郊, 牝常以靜勝牡. 故 大國以下小國, 則取小國. 小 國以下大國, 則聚大國. 故 惑(或)下而取, 惑(或)下而聚. 夫大國不過欲兼畜人, 小國 不過欲入事人. 夫兩者各得 其所欲, 故大者宜爲下.	大國者下流, 天下之交. 天 下之交牝, 牝常以靜勝牡, 以 靜爲下. 故大國以下小國, 則 取小國. 小國以下大國, 則 取大國. 故或下以取, 或下 而取. 大國不過欲兼畜人, 小 國不過欲入事人. 兩者各得 其所欲, 故大者宜爲下.
第62章 爲道	道者, 萬物之奧, 善人之寶, 不善人所不保. 美言可以市, 尊行可以加人. 人之不善, 奚 棄之有. 故立天子, 置三公, 雖有供之璧以先四馬, 不如 坐進此道. 古之所以貴此道 者何. 不曰求以得, 有罪以	道者, 萬物之奧, 善人之寶, 不善人之所保. 美言可以市, 尊行可以加人. 人之不善, 何 棄之有. 故立天子, 置三公, 雖有拱璧, 以先駟馬, 不如 坐進此道. 古之所以貴此道 者何. 不曰求以得, 有罪以

	免, 故爲天下貴.	免邪. 故爲天下貴.
第63章 恩始	爲無爲, 事無事, 味無味. 大小多少, 報怨以德. 圖難於易, 爲大於細. 天下難事必作於易, 大事必作於小. 夫輕諾必寡信, 多易必多難. 是以聖人猶難之, 故終無難.	爲無爲, 事無事, 味無味. 大小多少, 報怨以德. 圖難於其易, 爲大於其細. 天下之難事, 必作於易. 天下之大事, 必作於細. 是以聖人終不爲大, 故能成其大. 夫輕諾必寡信, 多易必多難. 是以聖人猶難之, 故終無難.
第64章 守微	其安易持, 其未兆易謀, 其毳易破, 其微易散. 爲之於未有, 治之於未亂. 合抱之木, 生於豪(毫)末. 九重之臺, 起於累土. 百仞之高, 起於足下. 爲者敗之, 執者失之. 是以聖人無爲, 故無敗. 無執. 故無失. 民之從事, 常於幾成而敗之. 愼終如始, 則無敗事. 是以聖人欲不欲, 不貴難得之貨. 學不學, 備衆人之所過, 以輔萬物之自然而不敢爲.	其安易持, 其未兆易謀. 其脆易破, 其微易散. 爲之於未有, 治之於未亂. 合抱之木, 生於毫末. 九層之臺, 起於累土. 千里之行, 始於足下. 爲者敗之, 執者失之. 是以聖人無爲故無敗, 無執故無失. 民之從事, 常於幾成而敗之. 愼終如始, 則無敗事. 是以聖人欲不欲, 不貴難得之貨. 學不學, 復衆人之所過. 以輔萬物之自然, 而不敢爲.
第65章 淳德	古之善爲道者, 非以明民, 將以娛之. 民之難治, 以其知. 故以智治國, 國之賊. 不以智治國, 國之德. 知此兩者亦楷式. 常知楷式, 是謂玄德. 玄德深遠, 與物反, 然後乃至大愼.	古之善爲道者, 非以明民, 將以愚之. 民之難治, 以其智多. 是故以智治國, 國之賊. 不以智治國, 國之福. 知此兩者, 亦楷式. 嘗知楷式, 是謂玄德. 玄德深矣遠矣, 與物反矣, 然後乃至大順.

第66章 後己	江海所以能爲百谷王者, 以其善下之, 故能爲百谷王. 是以聖人欲上民, 以其言下之. 欲先民, 以其身後之. 是以處上其民不重, 處前而民不害. 是以天下樂推而不厭. 以其無爭, 故天下莫能與之爭.	江海所以能爲百谷王者, 以其善下之, 故能爲百谷王. 是以聖人欲上人, 以其言下之. 欲先人, 以其身後之. 是以處上而人不重, 處前而人不害. 是以天下樂推而不厭. 以其不爭, 故天下莫能與之爭.
第67章 三寶	天下皆以我大, 不笑. 夫唯大, 故不笑. 若笑久, 其小. 我有三寶, 寶而持之. 一曰慈, 二曰儉, 三曰不敢爲天下先. 夫慈, 故能勇. 儉, 故能廣. 不敢爲天下先, 故能成器長. 今赦其慈且勇, 赦其儉且廣, 赦其後且先, 死矣. 夫慈, 以陳則政, 以守則固. 天將救之, 以慈衛之.	天下皆謂我道大, 似不肖. 夫惟大, 故似不肖. 若肖, 久矣其細也. 夫我有三寶, 保而持之. 一曰慈, 二曰儉, 三曰不敢爲天下先. 夫慈, 故能勇. 儉, 故能廣. 不敢爲天下先, 故能成器長. 今舍其慈, 且勇, 舍其儉, 且廣. 舍其後, 且先. 死矣. 夫慈, 以戰則勝, 以守則固. 天將救之, 以慈衛之.
第68章 配天	古之善爲士者不武, 善戰不怒, 善勝敵不爭, 善用人爲下. 是謂不爭之德, 是謂用人之力, 是謂配天, 古之極.	善爲士者不武, 善戰者不怒, 善勝敵者不一, 善用人者爲之下. 是謂不爭之德, 是謂用人之力, 是謂配天, 古之極也.
第69章 玄用	用兵有言. 吾不敢爲主而爲客, 不敢進寸而退尺. 是謂行無行, 攘無臂, 執無兵, 仍無敵. 禍莫大於侮敵, 侮敵則幾亡吾寶. 故抗兵相若, 則哀者勝.	用兵有言. 吾不敢爲主, 而爲客. 不敢進寸, 而退尺. 是謂行無行, 攘無臂, 仍無敵, 執無兵. 禍莫大於輕敵, 輕敵則幾喪吾寶. 故抗兵相加, 哀者勝矣.

第70章 知難	吾言甚易知, 甚易行. 天下莫能知, 莫能行. 言有宗, 事有君. 夫唯無知, 是以不吾知. 知我者希, 則我者貴. 是以聖人披褐懷玉.	吾言甚易知, 甚易行. 而天下莫能知, 莫能行. 言有宗, 事有君. 夫惟無知, 是以不我知. 知我者希, 則我者貴. 是以聖人被褐懷玉.
第71章 知病	知不知, 上. 不知知, 病. 是以聖人不病, 以其病病, 是以不病.	知不知, 上. 不知知, 病. 夫惟病病, 是以不病. 聖人不病, 以其病病, 是以不病.
第72章 愛己	民不畏威, 則大威至. 無狹其所居, 無厭其所生. 夫唯不厭, 是以不厭. 故聖人自知, 不自見. 自愛, 不自貴. 故去彼取此.	民不畏威, 則大威至. 無狹其所居, 無厭其所生. 夫惟不厭, 是以不厭. 是以聖人自知不自見, 自愛不自貴, 故去彼取此.
第73章 任爲	勇於敢則煞, 勇於不敢則活. 此兩者, 或利或害. 天之所惡, 孰(孰)知其故. 天之道, 不爭而善勝, 不言而善應, 不召而自來, 不言而善謀. 天網恢恢, 疏而不失.	勇於敢則殺, 勇於不敢則活. 此兩者, 或利或害. 天之所惡, 孰知其故. 是以聖人猶難之. 天之道, 不爭而善勝, 不言而善應, 不召而自來. 繟然而善謀. 天網恢恢, 疏而不失.
第74章 制惑	民常不畏死, 奈何以死懼之. 若使常不畏死而奇者, 吾誠得而煞之, 孰(孰)敢. 常有司煞者煞. 夫代司煞者, 是代大匠斵. 夫代大匠斵, 希不傷其手.	民常不畏死, 奈何以死懼之. 若使民常畏死, 而爲奇者, 吾得執而殺之, 孰敢. 常有司殺者殺. 夫代司殺者殺, 是謂代大匠斵. 夫代大匠斵, 希有不傷其手矣.
第75章 貪損	人之飢. 以其上食稅之多, 是以飢. 百姓之難治, 以其上有爲, 是以不治. 民之輕死,	民之饑. 以其上食稅之多, 是以饑. 民之難治, 以其上之有爲, 是以難治. 人之輕死,

	以其生生之厚, 是以輕死. 夫唯無以生爲者, 是賢於貴生.	以其求生之厚, 是以輕死. 夫惟無以生爲者, 是賢於貴生.
第76章 戒强	人之生柔弱, 其死堅强. 萬物草木生之柔毳, 其死枯槁. 故堅强者死之徒, 柔弱者生之徒. 是以兵强則不勝, 木强則共. 故堅强居下, 柔弱處上.	民之生也柔弱, 其死也堅强. 萬物草木之生也柔脆, 其死也枯槁. 故堅强者死之徒, 柔弱者生之徒. 是以兵强則不勝, 木强則共. 故堅强居下, 柔弱處上.
第77章 天道	天之道, 其猶張弓, 高者抑之, 下者擧之, 有余者損之, 不足者與之. 天之道, 損有余補不足. 人道則不然, 損不足奉有余. 孰(孰)能有余以奉天下. 唯有道者. 是以聖人爲而不恃, 成功不處, 其不欲示賢.	天之道, 其猶張弓乎. 高者抑之, 下者擧之, 有余者損之, 不足者與之. 天道損有余而補不足. 人之道則不然, 損不足以奉有余. 孰能以有余而奉不足於天下, 唯有道者. 是以聖人爲而不恃, 功成不處, 其不欲見賢.
第78章 任信	天下柔弱莫過於水, 而攻堅强者莫之能先, 其無以易之. 故柔勝剄(剛), 弱勝强. 天下莫不知, 莫能行. 是以聖人言. 受國之垢, 是謂社稷主. 受國不祥, 是謂天下王. 正言若反.	天下柔弱莫過於水, 而攻堅强者莫之能勝, 其無以易之. 故柔勝剛, 弱勝强, 天下莫不知, 莫能行. 是以聖人言. 受國之垢, 是爲社稷主. 受國不祥, 是爲天下王. 正言若反.
第79章 任契	和大怨, 必有余怨, 安可以爲善. 是以聖人執左契, 不責於人. 故有德司契, 無德司徹. 天道無親, 常與善人.	和大怨, 必有余怨, 安可以爲善. 是以聖人執左契, 而不責於人. 故有德司契, 無德司徹. 天道無親, 常與善人.

第80章 獨立	小國寡民, 使有什伯之器而不用, 使民重死而不遠徙. 有舟輿, 無所乘之. 有甲兵, 無所陣之. 使民復結繩而用之. 甘其食, 美其服, 安其處, 樂其俗. 鄰國相望, 雞狗之聲相聞, 使民至老不相往來.	小國寡民, 使有什佰之器而不用. 使民重死, 而不遠徙. 雖有舟輿, 無所乘之. 雖有甲兵, 無所陳之. 使民復結繩而用之. 甘其食, 美其服, 安其居, 樂其俗. 鄰國相望, 雞犬之聲相聞, 民至老死不相往來.
第81章 顯質	信言不美, 美言不信. 知者不博, 博者不知. 善者不辯, 辯者不善. 聖人無積, 旣以爲人己愈有, 旣以與人己愈多. 天之道, 利而不◆(害). 聖人之道, 爲而不爭.	信言不美, 美言不信. 善者不辯, 辯者不善. 知者不博, 博者不知. 聖人不積. 旣以與人, 己愈有. 旣以與人, 己愈多. 天之道, 利而不害. 聖人之道, 爲而不爭.

敦煌五千文本 상、하권은 한、위、육조로부터 수、당대에 이르기까지 도교도들이 전습하던 여러 종류의 사본들 가운데 하나다. 상권의 저본은 P.2584號抄本이고, 하권의 저본은 S.6453號抄本이다. 道藏無注本은 송대에 출현한 본문의 하나다. 河上公章句本과 분장 형태가 동일하다. 저본은《正統道藏》洞神部 本文類 원문이다.